高等职业教育财会专业系列

新编企业纳税实训

（第 2 版）

李克桥　毛德敏　主　编

刘　峰　徐　珊　王　霞　副主编

微信扫一扫

微信扫一扫

教师服务入口

学生服务入口

南京大学出版社

内 容 简 介

　　本书是《新编企业纳税实务（第 3 版）》（徐珊主编）的配套实训教材。本书选取具有典型意义的
10 个实训项目，包括纳税操作基本流程，税务登记及票证管理实训，以及增值税、消费税、出口退（免）
税、关税、资源类税、财产行为和特定目的税相关税种、企业所得税和个人所得税业务实训，并根据实
训设置了驱动性任务和操作情境，具有较强的实用性和可操作性。

　　本书可作为高职高专院校会计、税务、财务管理、审计、金融、理财等专业的教材，也可以作为财
会人员业务模拟训练参考用书。

图书在版编目（CIP）数据

新编企业纳税实训 / 李克桥，毛德敏主编. -- 2 版
. -- 南京：南京大学出版社，2018.1（2020.9 重印）
　ISBN 978-7-305-19846-5

Ⅰ. ①新… Ⅱ. ①李… ②毛… Ⅲ. ①企业管理－税
收管理－中国－高等职业教育－教材Ⅳ. ①F812.423

中国版本图书馆 CIP 数据核字(2018)第 006972 号

出版发行　南京大学出版社
社　　址　南京市汉口路 22 号邮编　210093
出 版 人　金鑫荣

书　　名　**新编企业纳税实训（第 2 版）**
主　　编　李克桥　毛德敏
策划编辑　许振伍
责任编辑　许振伍　蔡文彬　　　　　编辑热线　010-88252319

照　　排　北京圣鑫旺文化发展中心
印　　刷　虎彩印艺股份有限公司
开　　本　787×1092　1/16　　印张　12.5　　字数　312 千
版　　次　2018 年 2 月第 2 版　　2020 年 9 月第 3 次印刷
ISBN 978-7-305-19846-5
定　　价　35.00 元

网　　址　http://www.njupco.com
官方微博：http://weibo.com/njupco
官方微信号：njuyuexue
销售咨询热线：（025）83594756

前 言

　　本书是《新编企业纳税实务（第3版）》的配套实训教材。本书针对企业财务部门办理纳税事宜的岗位，基于我国企业纳税工作过程，结合2016年的全面"营改增"及财政部新出台的《企业会计准则》，按照实际工作设计体例，安排教材内容，选取具有典型意义的10个实训项目，包括纳税操作基本流程，税务登记及票证管理实训，以及增值税、消费税、出口退（免）税、关税、资源类、财产行为和特定目的税相关税种、企业所得税、个人所得税业务实训。本书具有以下特色。

　　1. 编写体例新颖。 本书认真分析了我国企业纳税工作过程，按照实际工作和工作过程中的重要任务来设计体例，安排教学内容，专门设计了实训目标、实训要求和实训情境。

　　2. 内容新颖。 本书以2016年全面推行的"营改增"政策和资源税改革等作为企业税务处理的政策依据，以2016年财政部新修订的《企业会计准则》作为会计处理的基本准则，并吸收了纳税会计与纳税筹划最新研究成果编写而成。

　　3. 教材内容体现工作过程知识。 本书以任务引导学习，实施项目教学，真正体现学习为了工作及在工作中学习的理念。

　　4. 实践性强。 本书注重实践操作，每章均配有足量的技能训练题，具有较强的实用性和可操作性，以强化学生的相关技能。

　　本书由河北大学李克桥、新疆农业职业技术学院毛德敏担任主编；江苏联合淮安生物工程分院刘峰、福建对外经济贸易职业技术学院徐珊、延安职业技术学院王霞担任副主编。李克桥负责拟定编写思路和大纲，并对全书进行统稿。具体分工如下：李克桥负责编写模块项目一、项目二和项目五，刘峰负责编写项目三，毛德敏负责编写项目四和项目九，徐珊负责编写项目六和项目七，王霞负责编写项目八和项目十。

　　本书可作为高职高专院校会计、税务、财务管理、审计、金融、理财等专业的教材，也可作为企业会计人员和相关工作人员的参考书。由于学识水平有限，加之时间仓促，书中难免有疏漏和不足之处，恳请读者批评指正。

编 者
2017 年 12 月

目　录

项目一
纳税操作基本流程

任务一　认知纳税操作程序

纳税操作程序是指纳税人在履行纳税义务时需要经过的各个环节。从纳税人或扣缴义务人的角度而言,纳税操作程序一般包括:税务登记,会计凭证、账簿的管理,纳税申报,税款缴纳,纳税检查,等等。

一、税务登记

税务登记是整个税收征收管理的首要环节,是税务机关对纳税人的基本情况及生产经营项目进行登记管理的一项基本制度,也是纳税人已经纳入税务机关监督管理的一项证明。税务登记的内容包括设立登记、变更登记、注销登记、停业复业登记和外出经营报验登记等。本书只介绍设立登记、变更登记和注销登记。

(一)设立登记

从事生产、经营活动的企事业单位和个人,自领取营业执照之日起 30 日内,持有关证件,向税务机关申报办理首次税务信息补充登记。

1. 办理税务登记需提供的资料

纳税人在申报办理税务登记时,应当根据不同情况向税务机关如实提供以下证件和资料。

(1)工商营业执照或其他核准执业证件及工商登记表。

(2)有关合同、章程、协议书。

(3)法定代表人或负责人或业主的居民身份征、护照或者其他合法证件。

(4)银行基本账号和税款专用账号证明。

(5)注册地和经营地土地租赁合同(住所或经营场所证明)。

2. 办理税务登记需填写的表格

(1)税务登记表一式三份。

(2)税务信息录入表一份。

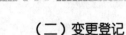

（二）变更登记

纳税人税务登记内容发生重要变化时向税务机关申报办理的税务登记手续为税务变更。

1. 办理变更税务登记所需的资料

纳税人已在工商行政管理机关办理变更登记的，应当自工商行政管理机关办理变更登记之日起 30 日内，向原税务机关如实提供下列证件、资料，申报办理变更税务登记。

（1）工商登记变更表及工商营业执照。

（2）纳税人变更登记内容的有关证明文件。

（3）其他有关资料。

纳税人按照规定不需要在工商行政管理机关办理变更登记，或者其变更登记的内容与工商登记内容无关的，应当自税务登记内容实际发生变化之日起 30 日内，或者自有关机关批准或宣布变更之日起 30 日内，持下列证件到原税务机关申报办理变更税务登记。

（1）纳税人变更登记内容的有关证明文件。

（2）其他有关资料。

2. 办理变更税务登记需填写的表格

纳税人首次办税补充信息表（实行国税局、地税局联合办理税务登记的，应提供 2 份）。

（三）注销登记

纳税人发生解散、破产、撤销以及其他情形，依法终止纳税义务的，应当在向工商行政管理机关办理注销登记前，或者宣告终止经营之日起 15 日内，持有关证件向原税务机关申请办理注销税务登记。

纳税人因生产、经营场所变动而涉及改变主管税务登记机关的，应当在向工商行政管理机关办理变更登记前，向原税务机关申请办理注销税务登记和迁移手续，并向迁达地税务机关办理开业税务登记。

纳税人被工商行政管理机关吊销营业执照的，应当自营业执照被吊销之日起 15 日内，向税务机关申请办理注销税务登记。

1. 办理注销税务登记所需的资料

（1）提交清税申请。

（2）上级主管部门批文、职代会决议、法院破产判决书及其他有关证明文件。

（3）注销当期的会计报表、纳税申报表、税款缴款书。

（4）在主管税务机关领购的全部发票、发票领购簿。

（5）单位公章。

2. 办理注销税务登记需填写的表格

（1）××国家（地方）税务局清税申请表一式三份。

（2）××国家（地方）税务局××分局歇业清税审批表一式三份。

（3）××国家（地方）税务局发票缴销表一式两份。

3. 办理注销税务登记前应办理的税务事项

纳税人在办理注销税务登记前,应当向税务机关结清应纳税款、滞纳金、罚款,缴销发票和其他税务证件。

二、会计凭证、账簿的管理

纳税人、扣缴义务人应按照有关法律、行政法规及国务院财政、税务主管部门的规定设置账簿,根据合法、有效的凭证记账,并进行核算。

(一)设置账簿的范围

(1)从事生产、经营的纳税人应当自领取工商营业执照或发生纳税义务之日起 15 日内按照国务院财政、税务部门的规定设置账簿。账簿是指总账、明细账、日记账以及其他辅助性账簿。总账、日记账应当采用订本式。

(2)扣缴义务人应当自税收法律、行政法规规定的扣缴义务发生之日起 10 日内,按照所代扣、代缴、代收的税种,分别设置代扣、代缴、代收税款账簿。

纳税人、扣缴义务人会计制度健全,能够通过计算机正确、完整计算其收入、所得或者代扣代缴、代收代缴税款情况的,其计算机输出的完整的书面会计记录可视同会计账簿。

纳税人、扣缴义务人会计制度不健全,不能通过计算机正确、完整计算其收入、所得或者代扣代缴、代收代缴税款情况的,应当建立总账及与纳税或者代扣代缴、代收代缴税款有关的其他账簿。

(3)生产经营规模小又无建账能力的纳税人,可以聘请经批准从事会计代理记账业务的专业机构或者经税务机关认可的财会人员代为建账和办理账务;聘请上述机构或者人员有实际困难的,经县以上税务机关批准,可以按照税务机关的规定,建立收支凭证粘贴簿、进货销货登记簿或者使用税控装置等。

(二)对纳税人财务会计制度及其处理办法的管理

从事生产、经营的纳税人应当自领取税务登记证件之日起 15 日内,将其财务、会计制度或者财务、会计处理办法和会计核算软件报送主管税务机关备案。纳税人使用计算机记账的,应当在使用前将会计电算化系统的会计核算软件、使用说明书及有关资料报送主管税务机关备案。纳税人建立的会计电算化系统应当符合国家有关规定,并能正确、完整核算其收入或者所得。从事生产、经营的纳税人、扣缴义务人的财务、会计制度或者财务、会计处理办法与国务院或者国务院财政、税务主管部门有关税收规定相抵触的,依照国务院或者国务院财政、税务主管部门有关税收规定计算应纳税款、代扣代缴和代收代缴税款。

(三)账簿、凭证的保存及管理

从事生产、经营的纳税人或扣缴义务人必须按照国务院财政、税务主管部门规定的保管期限保管账簿、记账凭证、完税凭证及其他有关资料。除法律、行政法规另有规定者外,账簿、会计凭证、会计报表、完税凭证及其他有关资料应当保存 30 年。账簿、记账凭证、会计报表、完税凭证、发票、出口凭证及其他有关涉税资料应当真实、合法、完整,不得伪造、变造或者擅自损毁。

三、纳税申报

纳税申报是纳税人在发生纳税义务后按照税法规定的期限和内容向主管税务机关提交有关纳税书面报告的法律行为。它是界定纳税人法律责任的主要依据,也是税务机关税收管理信息的主要来源。

(一)纳税申报的对象

下列纳税人、扣缴义务人、代征人应当按期向主管国家税务机关办理纳税申报或者报送代扣代缴、代收代缴税款报告或委托代征税款报告。

(1)依法已向税务机关办理税务登记的纳税人。它包括:

① 各项收入均应当纳税的纳税人;

② 全部或部分产品、项目或者税种享受减税、免税照顾的纳税人;

③ 当期营业额未达起征点或没有营业收入的纳税人;

④ 实行定期定额纳税的纳税人;

⑤ 应当向税务机关缴纳企业所得税以及其他税种的纳税人。

(2)按规定无须向税务机关办理税务登记,以及应当办理而未办理税务登记的纳税人。

(3)扣缴义务人和税务机关确定的委托代征人。

(二)纳税申报的期限

1. 各税种的申报期限

(1)缴纳增值税、消费税的纳税人,以1个月或者1个季度为一期纳税的,于期满后15日内申报纳税;以1天、3天、5天、10天、15天为一期纳税的,自期满之日起5日内预缴税款,于次月1日起15日内申报纳税并结清上月应纳税款。

(2)缴纳企业所得税的纳税人应当在月份或者季度终了后15日内,向其所在地主管税务机关办理预缴所得税申报;在年度终了后45日内向其所在地主管税务机关办理所得税申报;年度终了后5个月内办理汇算清缴,多退少补。

(3)其他税种,税法已明确规定纳税申报期限的,按税法规定的期限申报;税法未明确规定纳税申报期限的,按主管税务机关根据具体情况确定的期限申报。

2. 申报期限的顺延

纳税人办理纳税申报的期限最后一日,如遇公休、节假日的,可以顺延。

3. 延期办理纳税申报

纳税人、扣缴义务人、代征人按照规定的期限办理纳税申报或者报送代扣代缴、代收代缴税款报告或委托代征税款报告确有困难,需要延期的,应当在规定的申报期限内向主管税务机关提出书面延期申请,经主管税务机关核准,在核准的期限内办理。纳税人、扣缴义务人、代征人因不可抗力,不能按期办理纳税申报或者报送代扣代缴、代收代缴税款或委托代征税款报告的,可以延期办理。但是,应当在不可抗力情形消除后立即向主管国家税务机关

报告

（三）纳税申报的方式

目前纳税申报方式主要有直接申报、电子申报、委托申报、邮寄申报、银行网点申报等。

1. 直接申报

直接申报是指纳税人直接到税务部门办税服务厅进行纳税申报。

2. 电子申报

电子申报是指纳税人利用互联网、电话网、计算机等电子设备，对纳税申报信息实行电子采集，在规定的纳税期限内，向税务机关进行纳税申报的一种纳税申报方式。目前已开通了网上申报和介质申报两种申报方式。网上申报采取纳税人申请使用的原则，纳税人可随时到主管税务机关领取宣传材料，提出申请，填写申请表。经主管税务机关同意后，即与网上申报技术服务公司签订《网上申报服务协议》，领取相应的使用手册和教学光盘参加培训。

3. 委托申报

委托申报是指纳税人委托中介机构（如税务师事务所）代为纳税申报。

4. 邮寄申报

邮寄申报是指纳税人使用统一规定的纳税申报特快专递专用信封，通过邮政部门邮寄纳税申报表的方式。

5. 银行网点申报

银行网点申报是在银税联网的基础上，主管税务机关委托指定银行受理纳税申报和代征税款的一种申报纳税方式。增值税小规模纳税人可以同税务机关指定银行签订《委托代缴税款协议》，开设缴税账户，并在规定的申报缴税期限内，到开户的缴税银行网点进行申报纳税，或委托银行按照税务机关核定的应纳税额直接划缴入库。

另外，对实行定期定额缴纳税款的纳税人，可以实行简易申报、简并征期等申报纳税方式。这里所称的"简易申报"是指实行定期定额缴纳税款的纳税人在法律、行政法规规定的期限内或者税务机关依照法律、行政法规的规定确定的期限内缴纳税款的，税务机关可以视同申报。"简并征期"则是指实行定期定额缴纳税款的纳税人，经税务机关批准，可以采取将纳税期限合并为按季、按半年、按一年的方式缴纳税款，具体期限由省级税务机关根据具体情况确定。

纳税人（含享受减免税的纳税人）、扣缴义务人无论本期有无应纳、应缴税款，都必须按《税法》规定的期限如实向主管税务机关办理纳税申报。享受减免税的纳税人，也应按期办理纳税申报。

（四）纳税申报的要求

（1）纳税人、扣缴义务人、代征人应当到当地主管税务机关购领纳税申报表，代扣代缴、代收代缴税款报告表，委托代征税款报告表，按照表式内容全面、如实填写，并按规定加盖印章。

（2）纳税人办理纳税申报时，应根据不同情况提供下列有关资料和证件。

① 财务、会计报表及其说明材料。

② 增值税专用发票领、用、存月报表,增值税销项税额和进项税额明细表。

③ 增值税纳税人先征税后返还申请表。

④ 与纳税有关的经济合同、协议书、联营企业利润转移单。

⑤ 未建账的个体工商户,应当提供收支凭证粘贴簿、进货销货登记簿。

⑥ 外出经营活动税收管理证明和异地完税凭证。

⑦ 境内或者境外公证机构出具的有关证明文件。

⑧ 国家税务机关规定应当报送的其他证件、资料。

⑨ 税控装置的电子报税资料。

（3）扣缴义务人或者代征人应当按照规定报送代扣代缴、代收代缴税款的报告表或者委托代征税款报告表,代扣代缴、代收代缴税款或者委托代征税款的合法凭证,以及与代扣代缴、代收代缴税款或者委托代征税款有关的经济合同、协议书。

四、税款缴纳

（一）一般税款缴纳方式

纳税人应当按照主管税务机关确定的征收方式缴纳税款。

1. 自核自缴

生产经营规模较大,财务制度健全,会计核算准确,一贯依法纳税的企业,经主管税务机关批准,企业依照税法规定,自行计算应纳税款,自行填写、审核纳税申报表,自行填写税收缴款书,到开户银行解缴应纳税款,并按规定向主管税务机关办理纳税申报并报送纳税资料和会计报表。

2. 申报核实缴纳

生产经营正常,财务制度基本健全,账册、凭证完整,会计核算较准确的企业依照税法规定计算应纳税款,自行填写纳税申报表,按照规定向主管税务机关办理纳税申报,并报送纳税资料和会计报表。经主管税务机关审核,并填开税收缴款书,纳税人按规定期限到开户银行缴纳税款。

3. 申报查定缴纳

财务制度不够健全,账簿凭证不完备的固定业户,如实向主管税务机关办理纳税申报并提供其生产能力、原材料、能源消耗情况及生产经营情况等,经主管税务机关审查测定或实地查验后,开具税收缴款书或者完税证,纳税人按规定期限到开户银行或者税务机关缴纳税款。

4. 定额申报缴纳

生产经营规模较小,确无建账能力或者账证不健全,不能提供准确纳税资料的固定业户,按照税务机关核定的营业（销售）额和征收率,按规定期限向主管税务机关申报缴纳税款。纳税人实际营业（销售）额与核定额相比升降幅度在 20% 以内的,仍按核定营业（销售）

额计算申报缴纳税款；当期实际营业（销售）额上升幅度超过 20% 的，按当期实际营业（销售）额计算申报缴纳税款；当期实际营业（销售）额下降幅度超过 20% 的，当期仍按核定营业（销售）额计算申报缴纳税款，经主管税务机关调查核实后，其多缴税款可在下期应纳税款中予以抵扣。需要调整定额的，向主管税务机关申请调升或调降定额。但是对定额的调整规定不适用实行起点定额或保本定额缴纳税款的个体工商户。

（二）核定税额缴纳方式

纳税人有下列情形之一的，依照主管税务机关核定的应纳税额缴纳税款。

（1）依照法律、行政法规的规定可以不设置账簿的。

（2）依照法律、行政法规的规定应当设置账簿但未设置的。

（3）擅自销毁账簿或者拒不提供纳税资料的。

（4）虽设置账簿，但账目混乱或者成本资料、收入凭证、费用凭证残缺不全，难以查账的。

（5）发生纳税义务，未按照规定的期限办理纳税申报，经税务机关责令限期申报，逾期仍不申报的。

（6）纳税人申报的计税依据明显偏低，又无正当理由的。

（7）未按照规定办理税务登记的从事生产、经营的纳税人以及临时从事经营的纳税人。

（8）企业或者外国企业在中国境内设立的从事生产、经营的机构、场所与其关联企业之间的业务往来，未按照独立企业之间的业务往来收取或者支付价款、费用而减少应纳税额的。

（9）税收法律、行政法规规定应由税务机关核定应纳税额的其他情形。

五、纳税检查

（一）纳税检查的常用形式

纳税检查的常用形式有以下两种。

1. 组织纳税人自查和互查

组织纳税人自查和互查，是在税务查账中贯彻群众路线的一种形式。纳税人自查，就是在税务机关辅导下，组织财会人员自行检查的一种形式。纳税人互查，就是把纳税单位的财会人员组织起来，按系统、按行业或按片（地段）组织进行互相检查。在纳税人自查和互查中，税务机关应提出明确的检查要求，发给检查提纲，做好宣传辅导和组织工作。

2. 税务机关检查

税务机关检查是纳税检查的主要形式。它又可分为日常检查、专项检查、专案检查等几种不同的做法。日常检查也称为全面检查，是指对通过一定方法筛选出来的检查对象所履行的纳税义务情况进行的综合性检查。专项检查是指根据工作需要安排的单项检查，如单项税种的检查、发票检查、出口退税检查、关联企业转让定价检查等。专案检查是指对群众举报、上级交办、有关部门转办等案件的检查。

（二）纳税人、扣缴义务人在纳税检查中的权利

（1）知情权。纳税人、扣缴义务人有权向税务机关了解国家税收法律、行政法规的规定以及与纳税程序有关的情况。

（2）请求保密权。纳税人、扣缴义务人有权要求税务机关为纳税人、扣缴义务人的情况保密。这既是纳税人、扣缴义务人的基本权利，也是税务机关的法定义务。

（3）申请减、免、退税权。纳税人依法享有申请减税、免税、退税的权利。

（4）陈述、申辩权。纳税人、扣缴义务人对税务机关作出的决定，享有陈述权、申辩权。

（5）申请行政复议权。纳税人、扣缴义务人不服税务机关作出的具体行政行为，可以依法申请行政复议，受理的税务机关对此必须作出裁决。根据《中华人民共和国税收征收管理法》（以下简称《税收征管法》）第87条的规定，纳税人、扣缴义务人、纳税担保人同税务机关在纳税上发生争议时，纳税人、扣缴义务人可以申请行政复议，但必须先依照税务机关的纳税决定缴纳或者解缴税款及滞纳金或者提供相应的担保。

（6）提起行政诉讼权。纳税人认为税务机关的具体行政行为侵犯了自己的合法权益，并且对复议决定不服以及对税务机关的处罚决定、强制执行措施或者税收保全措施不服的，可以依法向人民法院提起行政诉讼，通过司法途径维护自己的合法权益。

（7）请求赔偿权。税务机关及其工作人员违法行使职权，或者行使职权不当，侵犯了纳税人、扣缴义务人的合法权益并造成了损害，受害人有权提出赔偿请求，要求税务机关依法给予赔偿。

（8）检举控告权（或称监督权）。纳税人、扣缴义务人发现税务机关及其工作人员的违法违纪行为，有依法向有关部门检举、控告的权利。

（9）受尊重权。税务机关、税务人员必须清正廉洁，文明服务，尊重和保护纳税人、扣缴义务人的权利，依法接受监督。

（10）申请延期申报权。纳税人、扣缴义务人不能办理纳税申报或者报送代扣代缴、代收代缴税款报告的，经税务机关核准，可以延期申报。

（11）申请延期缴纳税款权。纳税人因特殊困难，不能按期缴纳税款的，经省、自治区、直辖市国家税务局、地方税务局批准，可以延期缴纳税款，但最长不得超过3个月。

（12）其他权利。《税收征管法》还具体规定了纳税人、扣缴义务人依法享有的其他一些权利，如申报方式选择权、申办税务登记证权、要求出示税务检查证件权、请求返还多征税款并加付利息权、委托税务代理的选择权等，这些权利都是法律予以保护的。

（三）纳税人在纳税检查中的义务

根据《税收征管法》，纳税人、扣缴义务人在税务检查中有下列3项义务。

1. 接受税务机关依法进行检查

该义务是与税务机关的检查权力相对应的。这里所说接受依法进行的检查，包括两个方面的含义：第一，必须是税务机关在法律规定权限范围内的检查，即《税收征管法》规定的6个方面的检查；第二，在检查程序上必须合法，如必须持有税务检查证，检查存款账户的，还需有检查存款账户许可证等。不符合以上两点的，纳税人、扣缴义务人可以拒绝接受

检查。

2. 如实反映情况

该义务与税务机关在税务检查中的询问权相对应。在税务检查中,税务人员经常要向纳税人、扣缴义务人询问有关纳税或代扣代缴、代收代缴等方面的问题和情况,纳税人、扣缴义务人对有关问题必须如实反映,即对其生产经营活动及其记录按实际发生的情况反映,要求客观、准确。

3. 提供有关资料

该义务与税务机关的责成提供资料权相对应。当税务机关在税务检查中要求纳税人提供有关资料时,纳税人、扣缴义务人应按要求尽其所能地提交有关资料给税务机关。这项义务的规定,使税务机关的责成提供资料权有了保障。同时,《税收征管法》还规定"不得拒绝、隐瞒",这是与上述规定的义务相对应的一种强调式的规定。"不得拒绝"就是必须接受检查。同样,"不得隐瞒"就是必须真实地反映情况和提供资料。

任务二　掌握纳税操作的基本要求

一、纳税操作的基本目的

通过教学和练习,能够熟练地掌握所学税务会计的基本内容,提高实际操作能力。通过实际操作,熟练掌握企业纳税的基本程序,能够正确地理解各税种的基本法规规定,准确计算各税种的应纳税额;能够根据相关涉税业务,填制记账凭证,登记账簿(包括相关的总账和明细账),编制简易的会计报表;在正确进行账务处理的基础上,按规定填制各税种的纳税申报表。通过上述操作训练,能够将所学到的理论知识转化为实际工作(操作)技能,同时培养学生严谨的工作作风和良好的职业道德,为以后走上涉税工作岗位打下良好的基础。

二、纳税操作的基本内容与要求

(一)纳税操作涉及的税种

增值税;消费税;企业所得税;个人所得税;城市维护建设税;教育费附加;车船税;房产税;土地使用税;土地增值税;资源税;印花税。

(二)纳税操作的基本要求

(1)熟悉各税种的基本政策法规及其精神实质。
(2)掌握各税种应纳税额的计算方法。
(3)掌握各税种纳税申报表的填制方法。
(4)掌握各税种相关业务记账凭证的填制方法。

（5）掌握各税种相关业务账簿的登记方法。

（6）掌握会计报表的编制方法。

（7）掌握税收通用缴款书、增值税专用发票等原始凭证的基本内容和填开方法。

三、纳税操作基本条件、用具与用品

（一）纳税操作的教学环境

纳税实训一般应在会计模拟实训室或纳税模拟实训室中进行。实训室应具备以下条件。

1．教师示教配备部分

（1）教师示教台一张。

（2）双门立柜、小矮柜各一个。

（3）教学投影仪一台，投影幕布一幅，投影薄膜一盒。

（4）计算机一台（网上报税使用）。

（5）光检伪点钞机一台，装订机一台。

（6）外币票样，人民币票样，《中华人民共和国票据法》实用图册，算盘，计算器，会计科目章（工业、商业各一套），双色印台，多功能笔筒，财会模拟实训专用凭证、账册、单据各一套，各税种的纳税申报表一套。

2．配备参考教材6套（供学生翻阅相关知识）

（1）企业会计实训教材。

（2）新编财务会计教材（根据 2016 年财政部新修订的《企业会计准则》编制）。

（3）会计电算化教材。

（4）税务电算化教材。

（5）企业纳税实务教材。

（6）会计模拟实习教材。

3．实验（实训）室教学挂图

会计核算程序挂图如下。

（1）材料核算流程图。

（2）生产工艺流程图。

（3）销售核算流程图。

（4）成本核算的基本程序。

（5）会计核算方法体系图。

（6）成本核算的基本程序。

纳税基本流程挂图如下。

（1）税种划分示意图。

（2）税收征收管理流程图。

（3）税务登记流程图。

①开业（设置）税务登记流程图。

②变更税务登记流程图。

③注销税务登记流程图。

④停业复业登记流程图。

⑤外出经营活动管理税务登记流程图。

（4）发票领购流程图。

（5）纳税申报流程图。

（6）税款缴纳流程图。

（二）学生操作应具备的实训资料

1. 财务科各岗位实训资料（每位学生一套）

（1）现金出纳：计划成本表。

（2）银行出纳：银行存款余额调节表。

（3）工资结算：工资结算表。

（4）固定资产核算：固定资产折旧计算表。

（5）材料核算：原材料及低值易耗品单位。

（6）成本核算：各产品生产工艺流程。

（7）应收应付结算：往来单位一览表。

2. 银行往来凭证和汇票（每位学生一套）

（1）商业承兑汇票。

（2）银行进账单。

（3）银行转账支票。

（4）银行现金支票。

（5）汇票委托书。

（6）银行汇票。

3. 学生配备部分（除特别注明外每位学生一套）

（1）学生实训桌。

（2）学生凳。

（3）算盘和计算器。

（4）双色自动印台。

（5）多功能笔筒（含铅笔、红色签字笔、黑色签字笔各一支）。

（6）工业企业会计科目章（3人一套）。

（7）商品流通企业会计科目章（3人一套）。

（8）财会模拟银行受理章（3人一套）。

（9）《中华人民共和国票据法》实用图形。

（10）企业纳税实务教材。

（11）海棉缸、大头针、回形针、尺子、美工刀、胶水、橡皮擦。

4. 税务会计模拟专用凭证、单张账页（代替账簿）、单据（每位学生一套）

（1）收款凭证。

（2）付款凭证。

（3）转账凭证。

（4）现金日记账。

（5）银行存款日记账。

（6）三栏式总账。

（7）三栏式明细账。

（8）材料采购明细账。

（9）材料明细账。

（10）生产成本明细账。

（11）多栏式明细账。

（12）应交税费——应交增值税明细账。

（13）发票领用存月报表。

（14）增值税(专用/普通)发票使用明细账。

（15）增值税(专用发票/收购凭证等)抵扣明细表。

（16）消费税抵扣税款台账(外购从价定率征收的应税消费品)。

（17）消费税抵扣税款台账(委托加工收回、进口从价定率征收的应税消费品)。

（18）消费税抵扣税款台账(从量定额征收的应税消费品)。

（19）提取 ×××× 计算表。

（20）固定资产折旧计算表。

（21）应交税费计算表。

（22）×××× 纳税申报表。

（23）税收通用缴款书。

（24）其他凭证、单据、表格(视业务情况而定)。

任务三　认识纳税操作需用的部分资料样式

一、主要发票样式

（一）增值税普通发票

1. 增值税普通发票（卷票）（见图1-1）

76mm×177.8mm　　　　　　57mm×177.8mm

图 1-1　增值税普通发票（卷票）票样

2. 增值税普通发票（电脑开具）（见图1-2）

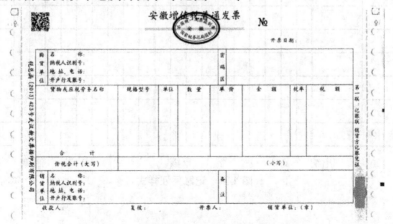

图 1-2　增值税普通发票（电脑开具）票样

（二）增值税专用发票票样（见图1-3）

图 1-3 增值税专用发票(电脑开具)票样

二、记账凭证

（一）通用记账凭证（见图1-4）

记 账 凭 证

年　　月　　日　　　　　　　　　　　　　　　　　第____号

摘　要	会计科目		借方金额										贷方金额										记账（签章）
	总账科目	明细科目	千	百	十	万	千	百	十	元	角	分	千	百	十	万	千	百	十	元	角	分	
	合计																						

会计主管　　　　　　出纳　　　　　　　　　　审核　　　　　　　　　　制单

图 1-4 记账凭证样式

（二）收付转三类凭证

1. 收款凭证（如图1-5）

收 款 凭 证

借方科目：_____　　　　　　　　年　　月　　日　　　　　　　　　　第____号

摘　要	贷方科目		记账符号	金　额									
	总账科目	明细科目		千	百	十	万	千	百	十	元	角	分
合　计													

附件　张

会计主管　　　　　　出纳　　　　　　　　　审核　　　　　　　　制单

图1-5　收款凭证样式

2. 付款凭证（见图1-6）

付 款 凭 证

贷方科目：_____　　　　　　　　年　　月　　日　　　　　　　　　　第____号

摘　要	借方科目		记账符号	金　额									
	总账科目	明细科目		千	百	十	万	千	百	十	元	角	分
合　计													

附件　张

会计主管　　　　　　出纳　　　　　　　　　审核　　　　　　　　制单

图1-6　付款凭证样式

3. 转账凭证（见图1-7）

转 账 凭 证

年　月　日　　　　　　　　　　第____号

摘　要	会 计 科 目		借方金额										贷方金额										记账（签章）
	总账科目	明细科目	千	百	十	万	千	百	十	元	角	分	千	百	十	万	千	百	十	元	角	分	
合　计																							

会计主管　　　　　出纳　　　　　　　审核　　　　　　　制单

附件　张

图1-7　转账凭证样式

三、税收通用缴款书（见图1-8）

中华人民共和国**税收缴款书**
（20071）冀国缴　　　　　　№ 0450797

隶属关系：
注册类型：　　　　　填发日期：　　年　月　日　　　征税机关：

缴款单位（人）	代　码		预算科目	编　码	
	全　称			名　称	
	开户银行			级　次	
	账　号			收款国库	

税款所属时期2017年11月　　　　　　税款限缴日期　　年　月　日

品目名称	课税数量	计税金额或销售收入	税率或单位税额	已缴或扣除额	实缴金额								
					百	十	万	千	百	十	元	角	分

金额合计（大写）　亿　仟　百　亿　拾　万　仟　佰　元　角　分

缴款单位（人）（盖章）	税务机关（盖章）	上列款项已收妥并划转收款单位账户	会计分录 借方 贷方 转账日期　年　月　日	备注：
经办人（章）	填票人（章）	国库（银行）盖章　年　月　日	复核员　记账员	

无银行收讫章无效

第二联（付款凭证）缴款单位（人）的支付凭证开户银行作借方传票

逾期不缴按税法规定加收滞纳金

图1-8　税收通用缴款书样式

四、账页

（一）三栏式账页（见图1-9）

总号　　分页

年		凭证		摘要	对应科目	页数	借方金额												贷方金额												借或贷	余额											
月	日	种类	号数				十	亿	千	百	十	万	千	百	十	元	角	分	十	亿	千	百	十	万	千	百	十	元	角	分		十	亿	千	百	十	万	千	百	十	元	角	分

图1-9　三栏式账页样式

（二）多栏式账页（见图1-10）

年		凭证单号	摘要	借方	贷方	借或贷	余额	借（　　）方金额分析											
月	日																		

本账页数 _____
本户页数 _____

科目名称：_____

图 1-10　多栏式账页样式

项目小结

通过本项目的学习与练习,认知纳税的一般流程;掌握纳税申报的基本形式和方法;熟悉各种涉税需用的教学材料;熟知各种涉税基本票据、凭证和账表。

项目二
税务登记及票证管理实训

任务一　税务登记

情境一　填写首次办税补充信息表

目的：

能够进行开业税务登记。

要求：

1. 熟悉开业税务登记的流程要点。

2. 根据准备的资料填写纳税人首次办税补充信息表（见附表 A-1）。

实训内容：

河北省保定应天时科技有限责任公司，经河北省保定市市场和质量监督管理局批准，于 2017 年 5 月 21 日取得营业执照（见附图 B-1），统一社会信用代码：91130603MA05J58772；法人代表：高雅帼；身份证号码：1306031974×××0093。注册地址：河北省保定市开元大街东俪湾小区 5-5-1021。生产经营地址：同注册地址。邮政编码：017000。公司电话：0312-5037201。经营范围：计算机及网络技术开发、服务、转让；计算机软硬件及辅助设备、通信设备及配件、电子产品、电子元件批发与零售；商务信息咨询。开户银行：中国工商银行北城支行；账号：3096004422。生产经营期限：2017 年 5 月 1 日至 2037 年 4 月 30 日。从业人数：38 人。经营方式：现代服务、批发零售。登记注册类型：有限责任公司。行业：服务业。财务负责人：吴桂芝。办税人员：唐赛。注册资本金：200 万元。投资人两个：其一，京海房地产股份有限公司出资 120 万元，占投资总额的 60%；其二，华沙软件设计有限责任公司出资 80 万元，占投资总额的 40%。会计报表种类：资产负债表、利润表。低值易耗品摊销方法：一次摊销法。折旧方法：平均年限法。（上述资料以外的信息，可以根据实际情况，根据教学需要自行编撰。）

情境二　填写变更税务登记表

目的：

能够进行变更税务登记。

要求：

1. 熟悉变更税务登记的流程要点。

2．根据准备的资料填写变更税务登记表（见附表 A-2）。

实训内容：

乐农农机公司原是集体企业，纳税人识别号为 91130602452030002U，注册资本金为 25 万元，自 1996 年 8 月成立以来，主要从事农机及配件的销售业务。2017 年 6 月 1 日该公司改制为股份制企业，更名为乐农股份有限公司，增加注册资本金 70 万元。同时经营地址由建华路 216 号变为潮阳大街 95 号，但是主管税务机关没有发生变化。开户银行由中国工商银行 Bd 支行变为 Df 支行，账号由 56372014 变为 86154796。该公司招聘了 4 名会计人员，设置了总账、明细账以及银行存款、现金日记账，并编制了资产负债表和利润表、现金流量表。预计年销售额可以达到 800 万元。

情境三　填写注销税务登记表

目的：

能够进行注销税务登记。

要求：

1．熟悉注销税务登记的流程要点。

2．根据准备的资料填写清税申请表（附表 A-3）。

实训内容：

溢美挂毯有限公司是中美合资经营企业，于 1997 年 8 月成立，主要生产宾馆、会议室等场所用地毯和工艺性挂毯，经营期限 20 年。2017 年 8 月，因经营期限届满宣告终止经营。该企业在清算过程中账面记载应缴增值税税额 178 000 元，已缴纳 156 000 元；应交城市维护建设税税额 5 600 元，已缴纳 4 800 元；滞纳金合计为 1 200 元。领购增值税专用发票 3 本，未填开使用的还有 18 组；购买增值税普通发票 7 本，未填开 2 本 12 组，丢失 1 本。

任务二　纳税人认定管理实训

情境一　填写一般纳税人申请认定表

目的：

能够进行一般纳税人申请登记。

要求：

1．填写一般纳税人申请认定表（见附表 A-4、附表 A-5）。

2．简述一般纳税人申请认定办理要点。

实训内容：

河北海星有限公司经河北省冀北市工商行政管理局批准，于 2017 年 9 月 10 日取得法人营业执照,统一社会信用代码:911306032009058205。法人代表:王碧琪,身份证号码:1306031974×××0095。注册地址:冀北市莲池大街 1127 号。生产经营地址:同注册地址。邮政编码:017000。公司电话:0312-5037211。生产经营范围:建筑材料、装修材料。开户银行:中国工商银行北城支行,账号:3096004411。生产经营期限:2017 年 10 月 1 日至 2037 年 9 月 31 日。从业人数:15 人。经营方式:批发零售。登记注册类型:有限责任公司。行业:商业。财务负责人:吴仁。办税人员:耿向。注册资本金:30 万元。

情境二　个体工商户核定征收的资格认定

目的:

熟悉申请纳税人所需资料。

要求:

填写定额核定审批表(见附表 A-6)。

实训内容:

可嘉电器销售部,纳税人识别号:91130000000000002X。业主姓名:刘克佳。电话:0312-59595099。经营地址:冀北市化合东路 747 号。核定期限:2017 年 6 月 1 日至 2019 年 5 月 31 日。纳税人自报经营额为每季 21 000 元,税率 3%,税额 630 元。上季定额税额 600 元。主管税务机关核定经营额为 28 000 元,税率 3%,税额 800 元。

任务三　发票领购与保管实训

情境一　填写普通发票领购申请审批表

目的:

能够正确填写普通发票领购申请审批表。

要求:

1. 熟悉普通发票领购程序。

2. 填写普通发票领购申请审批表(见附表 A-7)。

实训内容:

企业基本信息如下。

(1)纳税人名称:河北省保定市德宝图文有限责任公司

(2)经济类型:有限责任公司

(3)法定代表人或负责人:何东昌

(4)地址:河北省保定市裕昌东路 295 号

(5)注册号:911306030172560408

（6）行业：现代服务业

（7）发票管理责任人：陆婷

（8）电话：0312-3353369

（9）经营范围：平面设计；印务；电子课件制作；扫描等

（10）领购发票名称：增值税普通发票

（11）领购发票联次：3 联

（12）领购发票票面限额：10 万元

（13）每月发票用量：8 本（200 份）

（14）申请理由：经营活动业务需要

（15）购票方式：验旧购新

（16）保管方式：专人专柜

（17）发票管理部门经办人：任鑫

（18）发票管理部门负责人：吴思棱

（19）发票管理部门分管局长：周贺发

情境二　填写增值税发票领购簿申请表

目的：

熟悉申请增值税发票领购簿申请的程序。

要求：

正确填制领取增值税专用发票领购簿申请表（见附表 A-8）。

实训内容：

企业基本信息如下。

（1）发售发票机关：武汉市江夏区国家税务局

（2）认定"增值税一般纳税人"时间：2017 年 6 月 1 日

（3）纳税人识别号：914201155563322546A

（4）购票员姓名及身份证号码：邓雪峰，身份证号 422822197908170055

（5）陈秀芝，身份证号 420104198407272020

（6）法定代表人：周田

（7）领购发票名称：增值税专用发票

（8）发票代码：4201044320

（9）领购发票联次：4 联

（10）领购发票数量（本/份）：300 份

（11）主管审核税务机关：同发售发票机关

（12）县（市）级审核税务机关：同发售发票机关

项目小结

通过本项目的学习与练习，熟悉从开业、事项变更，到税务注销登记的基本流程与方法；掌握纳税人首次办税补充信息表、税务变更登记表、清税申请表等相关表格的填制方法；掌握增值税一般纳税人的认定与登记方法；熟悉个体工商户核定征收资格的认定；能够正确填制普通发票领购申请审批表和增值税发票领购簿申请表。

项目三
增值税业务实训

任务一　增值税会计核算实训

目的：

1. 培养解读原始凭证的会计职业能力。
2. 能够正确核算进项税额、销项税额以及当月应纳税额。

要求：

1. 计算增值税应纳税额并编制相关会计分录。
2. 根据当月业务填制一般纳税人月末增值税计算表。

实训内容：

情境一　增值税进项税额会计核算

企业基本信息如下。

（1）名称：淮安汉森有限公司

（2）性质：上市公司汇德隆股份有限公司的控股子公司（增值税一般纳税人）

（3）地址：江苏省淮安市友谊路 32 号

（4）开户银行：基本账户（建行淮安区支行　账号 2386106654）；

　　　　　　　结算账户（中行淮安区支行　账号 6756120432）

（5）纳税人识别号：91320400321544778P

（6）企业法人代表（董事长）：陈耀庆

（7）总经理：武广德

（8）财务负责人：田欣宜　会计：王春　出纳：魏薇

（9）企业设备管理部门与生产车间，主要生产 K501 产品、W901 产品，生产所耗材料为 QE2211、ZX-9 两种。

淮安汉森有限公司 2017 年 8 月发生下列与增值税进项税额核算相关业务（原始凭证见附录 B）。

（1）购入机器设备 X。

（2）支付验资费。

（3）购入原材料，未入库。

（4）材料入库，短缺。

（5）支付税控机修理费。

（6）购买交易性金融资产。

（7）支付水费。

（8）支付电费。

（9）支付固定资产厂房款项。

（10）购买 QE2211、ZX-9 材料，共同发生运费按照重量进行分配。

完成上述业务的会计处理。

情境二　增值税销项税额和进项税额转出会计核算

淮安汉森有限公司 2017 年 8 月发生下列与增值税销项税额和进项税额转出核算相关的业务（原始凭证见附录 B）。

（1）销售 QE2211、ZX-9 原材料给淮安天虹有限公司。

（2）销售 K501、W901 产品（含包装箱）一批。

（3）折扣销售 K501 产品。

（4）以 W901 产品发放职工福利。

（5）转让无形资产 JYU-2 使用权。

（6）处置旧设备 K。

（7）领用钢材 0.8 吨，用于办公楼维修。

（8）因管理不善，QE2211 材料被盗 100 千克。

完成上述业务的会计处理。

情境三　增值税月末结转会计核算

根据本任务情景一、二的内容完成。

（1）计算淮安汉森有限公司本月应纳增值税税额。

（2）完成应纳增值税税额计算见表（见表 3-1）。

（3）做出相关涉税会计处理（相关资料见附录 B）。

表 3-1　应纳增值税税额计算表

元

项　　目	
本期销项税额合计	
减：本期进项税额合计	
上期留抵税额	12 000
本期减免税额	
加：进项税额转出	
待抵扣进项税额	
本期应纳增值税税额	

任务二 增值税纳税申报表填制实训

目的：

提高根据资料填制增值税纳税申报表的能力。

要求：

1. 填制一般纳税人纳税申报主表（见附表 A–9）、附表（见附表 A–10 至附录 A–14）。

2. 填制一般纳税人固定资产进项税额抵扣情况表（见附表 A–15）。

3. 填制小规模纳税人增值税纳税申报表（见附表 A–16）。

实训内容：

情境一 一般纳税人增值税纳税申报表填制

淮安汉森有限公司 2017 年 9 月应纳增值税税额计算表、专用发票汇总表及相关资料见附录 B。

情境二 小工业企业增值税纳税申报表填制

企业为小规模纳税人，主管税务机关核定的纳税期限为 1 个月。10 月发生了以下业务。

（1）10 月 2 日，销售产品一批，含税售价 51 500 元，货款已入账。

（2）10 月 11 日，接受加工委托材料一批，27 日加工完毕，收取含税加工费 4 680 元。

（3）10 月 23 日，购进材料一批，增值税专用发票上注明价款 8 500 元，税款 1 445 元，材料已入库，货款尚未支付。

（4）10 月 15 日，购进货物价值 12 万元，取得增值税专用发票上注明税款 2.04 万元，货款已付。企业将其中价值 8 000 元的空调用作办公室使用。

任务三 增值税专用发票填制实训

目的：

掌握增值税专用发票、普通发票以及红字发票开具的方法以及注意事项。

要求：

1. 通过情景一内容，开具增值税专用发票（见模块三图 3–50、图 3–51）。

2. 通过情景二内容，开具增值税普通发票（见模块三图 3–52）。

3. 通过情景三内容，开具增值税红字发票（见模块三图 3–53）。

实训内容：

情境一　开具增值税专用发票

淮安汉森有限公司产品销售单如表3-2所示。

表3-2　淮安汉森有限公司产品销售单

制单日期：2017年7月8日　　　　　　　　　　　　　　　　NO.17785505

购货单位：苏州德宗有限公司　　　　　　　　　地址、电话：苏州工业园区65号87438289

纳税人识别号：320543219212100　　　　　　　开户行及账号：建行苏州新区支行4234832883

编号	产品名称	规格	单位	单价/元	数量	金额/元	备注
1	K501		件	295	800	236 000	不含税

情境二　开具增值税普通发票

淮安汉森有限公司产品销售单如表3-3所示。

表3-3　淮安汉森有限公司产品销售单

制单日期：2017年7月8日　　　　　　　　　　　　　　　　NO.17785506

购货单位：个人　　　　　　　　　　　　　　　地址、电话：

纳税人识别号：　　　　　　　　　　　　　　　开户行及账号：

编号	产品名称	规格	单位	单价/元	数量	金额/元	备注
1	W901		件	155	1	155	不含税

情境三　开具红字增值税发票

2017年7月28日收到苏州德宗有限公司发来信息，2017年7月8日销售的K501产品质量不符合验收标准，要求退货，经查验，同意对方要求。

任务四　增值税综合业务实训

目的：

能够进行增值税涉税业务的综合处理。

要求：

1. 计算该企业应纳增值税税额。

2. 进行增值税涉税业务的会计处理。

3. 完成月末增值税结转的账务处理。

实训内容：

1. 企业基本信息

（1）企业名称：淮安恒凯电气制造有限责任公司

（2）企业性质：增值税一般纳税人

（3）法定代表人：孙林航

（4）企业地址及电话：淮安市腾飞路 228 号　65372981

（5）开户银行及账号：中国工商银行河西分理处　账号 3549200401100704545

（6）纳税人识别号：915675011059703 05N

2. 相关业务

该企业是增值税一般纳税人，存货按实际成本核算，2017 年 9 月发生如下业务。

（1）1 日，向杭州汉普公司购进原材料钢板一批，取得增值税专用发票注明价款 210 000 元，税款为 35 700 元。材料已入库，款项未付。

（2）2 日，采用现金折扣方式销售给徐州供配电公司 WX-02 型配电柜 320 台，不含税售价为 3 230 000 元，另向购货单位收取代垫运输费 11 000 元。当日发货，款项尚未收到，运费转账支付，合同注明现金折扣条件（2/10,1/20,N/30），计算折扣所含的增值税。

（3）4 日，厂办公室购买办公用品一批，取得普通发票注明价款 936 元，款项用现金支付。

（4）6 日，向常州兄弟电器公司销售原材料电容器一批，取得不含税销售收入 35 000 元，开出增值税专用发票，销售款项于当日存入银行。

（5）11 日，收到徐州供配电公司货款。

（6）15 日，缴纳上月欠缴增值税税额 84 700 元。

（7）17 日，外购浙江府谷公司电容器 10 000 件，不含税价款为 27.2 元 / 件，取得增值税专用发票，对方给予商业折扣 10%。货物已验收入库，货款已通过银行转账支付。

（8）23 日，购买奋发股票 12 000 股，每股售价 12 元，发生手续费 335.81 元（含税），划分为交易性金融资产，通过其他货币资金账户结算。

（9）24 日，购买厂房一栋，取得增值税专用发票注明不含税价格 500 000 元，税率 11%，契税税额 15 000 元，银行转账付讫。

（10）24 日，将 WX-02 型配电柜 20 台（单价成本为 8 400 元 / 台，出厂价为 10 093.75 元 / 台），通过红十字会无偿捐献给灾区。

（11）30 日，仓库被盗，丢失 WX-02 型配电柜 3 台（单价成本为 8 400 元 / 台，出厂价为 10 093.75 元 / 台，原材料占商品比重为 40%）。

（12）13 日，公司因建造职工幼儿园领用 WX-02 型配电柜 2 台，当月"库存商品——WX-02 型配电柜"账户单价成本为 8 400 元 / 台，出厂价为 10 093.75 元 / 台。

根据上述资料完成当月应纳增值税税额计算表（见表 3-4），并做出当前结转增值税的会计分录。

表3-4　应纳增值税税额计算表

元

项 目	
本期销项税额合计	
减：本期进项税额合计	
上期留抵税额	
本期减免税额	
加：进项税额转出	
待抵扣进项税额	
本期应纳增值税税额	

（14）完成当月增值税纳税申报表（见附表 A-17）。

项目小结

通过本项目的训练，使学生学会增值税应纳税额的计算；熟悉一般纳税人和小规模纳税人的会计核算及账务处理；明确一般纳税人与小规模纳税人关于会计处理的差异；明了增值税一般纳税人纳税申报表的主表和各附表的勾稽关系；学会纳税申报表的填制方法。

项目四

消费税业务实训

任务一　消费税会计核算实训

目的：

能够掌握烟酒类和其他应税消费品应纳税额涉税核算。

要求：

1. 对生产环节、委托加工环节和进口环节的业务进行核算。

2. 计算消费税应纳税额。

实训内容：

情境一　烟酒类消费税业务核算

企业基本信息如下。

（1）名称：南通振兴有限公司

（2）性质：有限公司（增值税一般纳税人）

（3）地址：江苏省南通市河浜路 76 号

（4）开户银行：基本账户（中行南通如东支行　账号 09767616511）；

　　　　　　　结算账户（中行南通如东支行　账号 09652365324）

（5）纳税人识别号：91320600736533144F

（6）企业法人代表（董事长）：陈冰

（7）总经理：何晶

（8）会计：王慧春　出纳：万青

南通振兴有限公司，2017 年 7 月发生如下业务（原始凭证见附录 B）。

（1）2 日，向华鸣百货公司销售啤酒 10 吨。

（2）5 日，向华鸣百货公司销售白云牌粮食白酒 50 吨，以商业汇票结算。

（3）7 日，向华利商场销售 50 箱药酒，贷款未付。

（4）8 日，向华运商店（小规模纳税人）销售散装粮食白酒 8 吨，货款已收。

（5）10 日，销售部门领用 0.5 吨粮食白酒作为广告样品，该种白酒无同类产品销售价。

（6）16 日，收到仓库保管员交来的产品出库单一份，用白酒 10 吨抵付利丰公司欠款。

（7）18日，委托徐州凯达有限公司加工精制食用酒精，收回后直接用于销售。委托方提供的材料实际成本为20 000元，加工费为16 000元。

（8）20日，进口粮食白酒1 000吨，关税完税价8 000万元，关税税率30%。

（9）20日，领用A种卷烟110箱，全部用于广告样品，卷烟消费税定额税率为0.003元/支，比例税率56%

（10）21日，向华利商场销售B牌卷烟20标准箱和包装物。

情境二　金银首饰消费税业务核算

昌吉市金星商贸有限公司主要从事金银首饰销售，2017年8月实现以下销售业务（原始凭证见附录B）。

（1）5日，向华鸣百货公司销售金项链一批。

（2）8日，收到门市零售金银首饰销售单。

（3）8日，随金银首饰出售包装物一批。

（4）20日，采取以旧换新方式销售金银首饰。

情境三　其他类应税消费品业务核算

新疆天利汽车制造有限公司，2017年6月发生如下业务（原始凭证见附录B）。

（1）15日，销售A型小汽车10辆。

（2）18日，销售摩托车20辆。

（3）20日，销售汽油60万升，柴油50万升。

（4）25日，50辆B型小汽车对外投资入股。

（5）26日，从国外进口95辆小汽车。

任务二　消费税纳税申报表填制实训

目的：

能够完成消费税纳税申报表的填制。

要求：

填制消费税纳税申报表。

实训内容：

情境一 小汽车消费税纳税申报表填制

昌吉宏大汽车有限公司,纳税人识别号为91652301432807788S,2017 年 7 月发生如下业务(原始凭证见附录 B)。

(1)5 日,销售 A 型小汽车 15 辆。

(2)8 日,销售中轻型商用客车 20 辆。

(3)12 日,以 10 辆 B 型小汽车作价 120 万元投资入股海智商贸公司。

(4)18 日,向海星公司赞助 2 辆 A 型小汽车。

(5)22 日,销售 C 型小汽车 20 辆。

试填报该公司 7 月的消费税纳税申报表(见附表 A-18)。

情境二 成品油消费税纳税申报表填制

新疆红星石化股份公司,纳税人识别号为91652301104012166S,2017 年 5 月发生如下业务(原始凭证见附录 B)。

(1)6 日,销售汽油 20 万升,柴油 10 万升。

(2)9 日,销售部门领用汽油 2 000 升。

(3)10 日,向海南航空公司销售航空煤油 200 万升。

(4)15 日,销售润滑油 5 万升。

(5)20 日,销售燃料油 6 万升。

(6)24 日,向申通物流捐赠汽油 10 000 升。

试填报该公司 5 月的消费税纳税申报表(见附表 A-19)。

任务三 消费税综合业务实训

目的:

能够进行消费税涉税业务的综合处理。

要求:

1.计算该企业应纳消费税税额。

2.进行消费税涉税业务的会计处理。

3.填制消费税纳税申报表(见附表 A-20 至附表 A-22)。

实训内容:

1.企业基本信息

(1)名称:新疆宏远集团公司

(2)性质:国有企业(增值税一般纳税人)

（3）法定代表人：辛俊华

（4）办税员：陈明远

（5）地址及电话：昌吉市南五工路99号 23455412

（6）所属行业：工业企业

（7）开户银行及账号：建行昌吉市北京路分理处　账号1765248956321478658

（8）纳税人识别号：91652301432806261F

2. 相关业务

该企业主要生产经营酒类、卷烟、实木地板和化妆品。企业消费税按每笔业务计算，按月申报，不考虑销售产品的成本结转工作，计算结果取整数。2017年6月发生如下业务（原始凭证见附录B）。

（1）4日，销售啤酒20吨；0.5吨黄酒用于顾客免费品尝。

（2）5日，带包装销售粮食白酒20吨。

（3）6日，委托海星公司加工一批烟丝。

（4）9日，向本市举办的糖酒交易会赞助粮食白酒0.2吨。

（5）12日，用上月外购烟丝（含增值税价款234 000元）全部生产甲类卷烟，并向友谊商场销售，采取托收承付方式结算，烟丝的消费税税率为30%，卷烟的消费税比例税率为45%，定额税率为150元/标准箱。

（6）15日，将自产的化妆品用作职工福利。

（7）18日，将自产的实木地板1 000平方米米用于装修办公室。

（8）20日，从国外购进成套化妆品用于直接对外销售。

（9）25日，没收2016年12月25日收取天立公司实木地板的包装物押金。

（10）20日，委托少颜化妆品公司加工化妆品；30日该化妆品全部用于销售。

项目小结

通过本项目的练习，能够熟练掌握消费税业务的核算；正确计算各类应税消费品的消费税，能够正确填写消费税纳税申报表。

项目五
出口退（免）税业务实训

任务一　增值税出口退（免）税实训

目的：

1. 提高出口退税政策的理解能力。

2. 能够正确计算并核算增值税出口退（免）税。

要求：

1. 计算出口货物增值税出口退（免）税额。

2. 编制相关会计分录。

实训内容：

1. 实训企业基本信息

（1）名称：北京房山对外贸易有限公司

（2）性质：增值税一般纳税人

（3）地址：北京房山区良乡路 78 号

（4）开户银行：基本账户（工行房山支行　账号 2226108878）

（5）纳税人识别号：91110117321544778G

（6）企业法人代表（董事长）：吴祖德

（7）总经理：周光耀

（8）财务负责人：沈春义　会计：王贝　出纳：何翠颖

（9）2016 年 11 月 1 日起，电风扇的出口退税率为 17%。

2. 相关业务（原始凭证见附录 B）

（1）2017 年 8 月 12 日，购进电风扇 500 台，单价 150 元 / 台。

（2）2017 年 9 月 15 日，购进电风扇 200 台，单价 145 元 / 台。

（3）2017 年 10 月 21 日，出口电风扇 700 台，单价 21.57 美元，假设美元对人民币汇率为 1：6.676 3。

计算出口退税额（见表 5-1）。

表5-1　出口免、抵、退税计算表　　　　　　　　　　　　　　　　元

项　目	金　额	备　注
本月销项税额		
本月进项税额		
上期留抵税额		
本月免抵退税不得免征和抵扣税额		
本月应纳税额		
本月免抵税额		
本月应退税额		
本月留抵税额		

任务二　消费税出口退（免）税实训

目的：

1. 能够计算出口货物消费税退（免）税额。
2. 能够进行进出口业务的会计处理和凭证编制。
3. 能够设置和登记"应交税费"相关明细账。
4. 能够进行进出口退（免）税的纳税申报。
5. 能够熟练进行网上纳税申报。

要求：

1. 根据提供的经济业务填制会计凭证。
2. 计算本月进出口货物退（免）税额、关税税额。
3. 设置和登记"应交税费"相关明细账。
4. 填制进出口货物退（免）税纳税申报表（见附表 A-23、附表 A-24）。
5. 进行网上纳税申报。

实训内容：

1. 企业基本信息

（1）名称：河北省冀北市刘恋醉酒厂

（2）性质：增值税一般纳税人

（3）地址：冀北市遂州区恋醉路 118 号

（4）开户银行：基本账户（工行遂州支行　账号 7230409666）

（5）纳税人识别号：91130607321778544X

（6）企业法人代表（董事长）：何菊芳

（7）总经理：苟久财

（8）财务负责人：罗钱　会计：支福宝　出纳：董薇

（9）经营范围：各类酒及相关制品

（10）其他涉税资料信息：企业具有自营出口权，企业主要产品粮食白酒的成本利润率为10%，增值税税率为17%，消费税税率为20%，另加每500克0.5元，进口关税税率为15%，上期留抵的增值税税额为0。

2．相关业务

该企业2017年5月发生如下业务（原始凭证见附录B）。

（1）3日，向河北省保定市富康粮食储备公司购买酿酒用的粮食一批，价值57 000元。

地址：河北省保定市三丰中路338号

开户银行及账号：工行址舫头支行　账号6217230409000533567

纳税人识别号：91130603204036654Y

（2）8日，收到税务机关退还的第一季度出口退税款18 120.25元。

（3）12日，销售一批白酒给北京惠发商场有限责任公司。

地址：北京房山区谷良峪大道478号

开户银行及账号：基本账户（工行房山支行　账号2226102296）

纳税人识别号：91110117154477832U

（4）28日，出口日本白酒525箱，每箱6瓶，每瓶2.7美元（假设美元对人民币汇率为1：6.6763）。

计算并核算本月增值税和消费税出口退（免）税额（见表5-2）。

表5-2　出口免、抵、退税计算表　　　　　　　　　　　　　　　　　元

项　　目	金　　额	备　　注
本月销项税额		
本月进项税额		
上期留抵税额		
本月免抵退税不得免征和抵扣税额		
本月应纳税额		
本月免抵税额		
本月应退税额		
本月留抵税额		

项目小结

通过本项目的练习，能够熟练掌握增值税和消费税免抵退税的计算方法；准确编制相关记账凭证，并做好账务处理；正确填制相关纳税申报表。

项目六
关税业务实训

任务一　进口关税业务实训（计算与核算）

目的：
能够进行进口关税的会计处理和凭证编制。
要求：
根据提供的经济业务填制会计凭证。
实训内容：

情境一

万达有限责任公司本期进口一批钢材，国外买价及运抵我国海关前的有关运输费、保险费等共计 48 000 美元，当日人民币市场汇价假定为 100 美元 =650 元人民币。该原材料的关税税率为 30%，材料已验收入库。对上述业务（原始凭证见附表 B）进行会计处理。（代扣代缴的税金此处不予考虑）

情境二

捷丰有限责任公司委托恒通外贸公司从国外进口一批木材，该木材入关前的买价和相关费用为 50 000 美元，当日人民币市场汇价假定为 100 美元 =650 元人民币，关税税率为 20%。另外，支付代理手续费为买价和相关费用的 4%。该企业已将全部款项支付给恒通外贸公司，木材已经验收入库。对捷丰公司的业务（原始凭证见附表 B）进行会计处理。

任务二　出口关税业务实训（计算与核算）

目的：
能够进行出口关税的会计处理和凭证编制。

要求：

根据提供的经济业务填制会计凭证。

实训内容：

上海新诚实业有限责任公司出口销售产品一批，国内港口 FOB 价为 384 120 美元，折合人民币 2 338 906.68 元，产品出口关税税率为 20%，出口销售货款和出口关税已结算办理完毕。对上述业务进行会计处理。

任务三　进出口关税综合业务实训

目的：

能够进行进出口关税的综合处理。

要求：

1. 计算该企业应纳进出口关税税额。

2. 进行关税涉税业务的会计处理：填制记账凭证。

3. 填制关税缴款书。

实训内容：

1. 企业基本信息

名称：百益外贸公司

性质：国有企业

地址：北京市西城区 530 号

开户银行及账号：中国银行西城区支行　账号 1402028105333340257

纳税人识别号：91256211458756237A

2. 相关业务

百益外贸公司主要从事自营及代理出口贸易业务，2017 年 12 月发生如下经济业务（原始凭证见附录 B）。

（1）5 日，从国外自营进口大米一批，进口商品经海关审定的完税价格为 CIF60 000 美元，当日人民币市场汇价假定为 100 美元 =650 元人民币，关税税率为 30%，相关款项以人民币付清，商品已验收入库。

（2）18 日，接受信和有限责任公司的委托，代理进口铁矿石一批，收到预付货款 2 000 000 元。该批铁矿石 CIF 价为 180 000 美元，当日人民币市场汇价假定为 100 美元 =650 元人民币，关税税率为 20%，代理手续费按 CIF 价 3% 收取，百益外贸公司将铁矿石转交信和有限责任公司并办清相关款项结算手续。

（3）25 日，自营出口服装一批，我国口岸 FOB 价为 120 000 美元，当日人民币市场汇价假定为 100 美元 =650 元人民币，出口关税税率为 20%，出口销售商品货款已收并按规定缴纳了出口关税。

项目小结

通过本项目的练习,熟悉货物进出口关税的计算方法;掌握进出口关税的核算和会计处理方法;熟练运用所学知识进行进出口海关的关税报关业务。

项目七
资源类税种业务实训

任务一　土地增值税综合实训

目的：

能够进行土地增值税涉税业务的综合处理。

要求：

1. 计算该企业应纳土地增值税税额。

2. 进行土地增值税涉税业务的会计处理：填制记账凭证。

3. 填制土地增值税纳税申报表（见附表 A–25、附表 A–26）。

4. 填制土地增值税缴款书。

实训内容：

1. 企业基本信息

名称：祈州市天华房地产开发公司

性质：国有企业

地址：祈州市明湖东路 239 号

所属行业：房地产

纳税人识别号：91156211458756259U

2. 相关业务（原始凭证见附录 B）

祈州市天华房地产开发公司，在地处繁华地段建造一商务区，该开发项目于 2009 年 1 月开始，共占地 10 000 平方米，建筑面积 100 000 平方米，单位预算成本 3 800 元，总预算 3.8 亿。其中一栋 1 万平方米的商住写字楼于 2017 年 1 月完工并于 4 月份全部售出，每平方米 7 000 元，取得销售收入共计 7 000 万元，开出销售发票。

该公司增值税税率为 11%，城市维护建设税税率 7%，教育费附加征收率为 3%。该写字楼开发成本为 3 297 元 / 平方米，开发成本共计 3 297 万元，其中土地出让金 200 万元。

公司因为同时建造别的商品房，不能按写字楼计算分摊银行贷款利息支出，该地政府确定的房地产开发费用扣除比率为 10%。

任务二　资源税综合实训

目的：熟悉资源税的业务流程。

要求：

1. 计算该企业当期应纳资源税税额。

2. 进行资源税涉税业务的会计处理：填制记账凭证；登记相关明细账。

3. 填制资源税纳税申报表（见附表 A-27 至附表 A-30）。

实训内容：

1. 企业概况

（1）名称：山西晋北翱翔煤矿有限责任公司

（2）性质：国有企业

（3）法定代表人：张伟

（4）地址及电话：山西省晋北市红旗路 888 号　28876558

（5）开户银行及账号：工商银行红旗路分理处　账号 8055300022033668855

（6）纳税人识别号：91140109625993035X

2. 基本业务（原始凭证见附录 B）

山西晋北翱翔煤矿有限责任公司本期开采原煤 10 000 吨，附加开采天然气 5 000 千立方米，对外销售原煤 360 吨、天然气 1 500 千立方米，分别取得销售额 19.8 万元、450 万元。原油适用税率 8%，天然气适用税率 7%，有关税款已上缴入库。

任务三　城镇土地使用税综合实训

目的：熟悉土地使用税的业务流程。

要求：

1. 计算该企业当年应纳城镇土地使用税税额。

2. 进行城镇土地使用税涉税业务的会计处理：填制记账凭证；登记"管理费用"相关明细账。

3. 填制城镇土地使用税纳税申报表（见附表 A-31）。

实训内容：

1. 企业基本信息

（1）名称：宏达汽车制造厂

（2）性质：国有企业

（3）法定代表人：张伟

（4）地址及电话：黄海市宏达路 18 号　85520119

（5）开户银行及账号：建设银行宏大分行　账号7896190001041833

（6）纳税人识别号：91130102778865421Y

2．相关业务

宏达汽车制造厂2017年土地使用证表明实际占地60 000平方米，厂区内医院占地800平方米，托儿所占地500平方米（该厂所在地区城镇土地使用税年税额为3元/平方米）。

项目小结

通过本项目的练习，熟悉土地增值税、资源税和城镇土地使用税的计算方法；掌握上述"三税"的核算和会计处理方法；熟练运用所学知识进行相关税种的纳税申报业务。

项目八
财产行为和特定目的税相关税种业务实训

任务一　房产税综合实训

目的：

1. 提高解读原始凭证的能力，了解房产税纳税申报和缴纳程序。
2. 掌握房产税纳税申报表的填写。
3. 能独立进行房产税的纳税申报。

要求：

1. 计算该企业当年房产税税额。
2. 填制房产税纳税申报表（见附表 A–32 ）。

实训内容：

1. 企业基本信息
（1）名称：鸿发食品厂
（2）性质：国有企业
（3）法定代表人：李飞
（4）纳税人识别号：91130102775577432F

2. 相关业务

鸿发食品厂拥有房产 2 000 平方米，房产原值为 400 万元，2017 年 1 月该企业将其中的 500 平方米出租，取得年租赁收入为 50 万元（当地省政府规定的减除比例为 30% ）。

任务二　车船税综合实训

目的：

1. 了解车船税纳税申报和缴纳流程。
2. 掌握车船税纳税申报表的填写。

3. 能独立进行车船税的纳税申报。

要求：

1. 计算该企业当年应纳车船税税额。
2. 填制车船税纳税申报表(见附表 A—33)。

实训内容：

1. 企业基本信息

(1)名称：博发运输公司

(2)性质：有限责任公司

(3)法定代表人：李博

(4)地址及电话：丹东市黄河路南柳街 18 号　88652477

(5)开户银行及账号：中国农业银行黄河路南柳街分理处　5431590001041951

(6)纳税人识别号：91130102339976210Y

2. 相关业务

博发运输公司主营客车运输和货车运输。2017 年该企业拥有车辆情况统计如下。

(1)昌河货运汽车 10 辆,每辆自重为 3 吨。

(2)载客汽车 50 辆。

(3)该企业 2017 年 3 月已经预缴车船税税额 2 000 元。

(当地政府规定载客汽车税额为 600 元/辆,载货汽车自重为 50 元/吨)

任务三　契税综合实训

目的：

1. 了解契税纳税申报和缴纳流程。
2. 掌握契税纳税申报表的填写。
3. 能够独立进行契税的核算和申报。

要求：

1. 计算该企业当月应纳契税税额。
2. 填制契税纳税申报表(见附表 A—34)。

实训内容：

1. 企业基本信息

(1)名称：博发运输公司

(2)性质：有限责任公司

(3)法定代表人：李博

(4)企业地址及电话：丹东市黄河路南柳街 18 号　88652477

(5)开户银行及账号：中国农业银行黄河路南柳街分理处　5431590001041951

(6)纳税人识别号：91130102339976210Z

2．相关业务

博发运输公司 2017 年 3 月 1 日以 300 万元的价格购入鸿发食品厂一处房产作为办公场所，该房产位于丹东市黄河路南柳街 15 号，并将其价值 60 万元的自有房屋投入公司作为经营场所。为节省运输费用，博发运输公司将自有价值 200 万元的仓库与另一企业价值 160 万元的仓库互换，由博发运输公司向该企业收取差价。

任务四　印花税综合实训

目的：

1．了解印花税纳税申报和缴纳流程。

2．掌握印花税纳税申报表的填写。

3．能够独立进行印花税的核算和申报。

4．能够进行印花税涉税业务的综合处理。

要求：

1．计算该企业应纳印花税税额。

2．进行印花税涉税业务的会计处理：填制记账凭证；登记"应交税费"相关明细账。

3．填制印花税纳税申报表（见附表 A–35）。

实训内容：

1．企业基本信息

（1）名称：河北冀诚商业公司

（2）性质：股份有限公司（增值税一般纳税人）

（3）法定代表人：李诚实

（4）地址及电话：河北省保定市腾飞路 238 号　0312–65332331

（5）开户银行及账号：工商银行惠达分理处　0409200401100706767

（6）纳税人识别号：911305011066670405I

（7）主管地税机关：河北省保定市地方税务局直属分局

（8）注册资本：人民币 1 000 万元

（9）经营范围：服装、鞋帽等商品销售

2．权利许可证照资料

（1）2017 年 1 月公司合并成立时到保定市工商行政管理局重新办理企业法人营业执照正副本各一件。

（2）2017 年 1 月从保定市国土资源局受让保定市高开区 12 号商业用地，办理国有土地使用证一件；到保定市住房保障和城乡建设管理局办理房屋所有权证一件。

3．营业账簿资料

2017 年资金账簿记载的注册资本 1 000 万元，实收资本 800 万元，资本公积 200 万元。此外设置总分类账、银行存款日记账、现金日记账及其他 15 本明细账。

4. 合同材料

2017 年 1 月与多家服装制造公司签订购销合同共计 80 份,金额共计 1 000 万元;与多家皮鞋制造公司签订购销合同 30 份,金额共计 500 万元。其中,与杭州飞天服装制造公司签订购销合同 1 份,合同金额 74 万元。

原始凭证见附录 B。

任务五　城市维护建设税和教育费附加综合实训

目的:

1. 了解城市维护建设税和教育费附加纳税申报和缴纳程序。
2. 掌握城市维护建设税和教育费附加纳税申报表的编制。
3. 能够独立进行城市维护建设税和教育费附加的核算和申报。

要求:

1. 计算该企业当月应纳城市维护建设税和教育费附加额。
2. 填制城市维护建设税和教育费附加纳税申报表(见附表 A-36)。
3. 填制城市维护建设税和教育费附加缴款书。

实训内容:

1. 企业基本信息
(1)名称:浏阳市天利摩托车制造厂
(2)性质:民营企业(增值税一般纳税人)
(3)法定代表人:魏乾生
(4)地址及电话:祈州市郊区　0731-65372981
(5)开户银行及账号:中国农业银行浏阳分行　62284060100125412
(6)纳税人识别号:91200103767143566X

2. 相关业务(原始凭证见附录 B)

2017 年 10 月生产经营情况如下(摩托车的型号、品质和价格等均完全一致)。

(1)销售摩托车 30 辆,每辆摩托车不含税价格为 5 000 元,开具了增值税专用发票。
(2)赠送给 B 协作单位摩托车 2 辆,没有开具发票。
(3)为本企业管理部门提供摩托车 1 辆以供使用。
(4)提供汽车修理服务,开具普通发票,注明金额为 35 100 元。
(5)提供并单独核算的运输劳务收入为 10 000 元。
(6)本月购进生产用原材料,取得增值税专用发票,注明增值税税额为 17 000 元。该增值税专用发票已通过认证符合进项税抵扣条件,并在本期申报抵扣进项税额 17 000 元。

任务六　车辆购置税综合实训

目的：

1. 了解车辆购置税纳税申报和缴纳流程。
2. 掌握车辆购置税纳税申报表的编制。
3. 能够独立进行车辆购置税应纳税额的核算和申报。

要求：

1. 熟练计算应纳车辆购置税税额。
2. 能够进行车辆购置税涉税业务的会计处理和凭证编制。
3. 规范填制车辆购置税纳税申报表（见附表 A-37）。

实训内容：

1. 企业基本信息

（1）企业名称：巨力汽车制造厂

（2）企业性质：国有控股企业（增值税一般纳税人）

（3）法定代表人：孔方

（4）企业地址及电话：河北省保定市腾飞路 118 号　0312-65372981

（5）开户银行及账号：工商银行惠达分理处　账号 0409200401100704546

（6）纳税人识别号：91130501105970306Z

2. 相关业务（原始凭证见附录 B）

巨力汽车制造厂 2017 年有关车辆购置税的业务如下。

（1）将自己生产的一辆 1.8L 排量的汽车给销售部门使用，生产成本为 80 000 元，不含增值税售价为 150 000 元。纳税申报时，国家税务总局对该车同类型车辆核定的最低计税价格为 155 000 元，消费税税率为 5%。

（2）由于工作需要从国外进口了一辆 3.6L 排量的商务车，海关确定的关税完税价格折合人民币为 400 000 元，进口关税税率为 50%，消费税税率为 25%，增值税税率为 17%，根据海关开具的税款缴纳凭证已通过银行转账支付。

（3）胜利汽车生产厂欠其货款 150 000 元不能偿还，经双方协商，同意用债务人生产的 1 辆 2.0L 排量的汽车偿还债务，该汽车公允价值为 145 000 元，配件厂将这辆汽车用于日常办公。纳税申报时，国家税务总局对该车同类型车辆核定的最低计税价格为 140 000 元。

（4）将合伙人李强作为投资的一辆 1.8 升排量的汽车，用于本厂后勤服务，该厂在办理车辆上牌落籍前，出具该车的增值税发票，注明金额为 1 650 000 元，并且投资协议中确定此价值公允。纳税申报时，国家税务总局对该车同类型车辆核定的最低计税价格为 1 450 000 元。

任务七　烟叶税综合实训

目的：

1．了解烟叶税纳税申报和缴纳流程。

2．掌握烟叶税纳税申报表的编制。

3．能够独立进行烟叶税应纳税额的核算和申报。

要求：

1．熟练计算烟叶税税额。

2．规范填制烟叶税纳税申报表（见附表 A–38 ）。

实训内容：

1．企业基本信息

（1）名称：浏阳市天华卷烟厂

（2）性质：国有企业

（3）地址：浏阳市明湖东路 239 号

（4）所属行业：烟草

（5）纳税人识别号：91156211458756259P

2．业务内容

浏阳市天华卷烟厂 2017 年 6 月收购烟叶生产卷烟，收购凭证上注明价款 50 万元，并向烟叶生产者支付了价外补贴。

项目小结

通过本项目的练习，掌握房产税、车船税、契税、印花税、城市维护建设税、教育费附加、车辆购置税和烟叶税的计算方法；熟练掌握上述各税种的账务处理方法；准确填制上述各税种的纳税申报表。

项目九
企业所得税业务实训

任务一 企业所得税基本业务核算实训

目的:

1. 掌握企业所得税应纳税所得额的核算。

2. 能正确计算小微企业境内业务所得、境外业务所得的企业所得税。

要求:

1. 正确计算纳税调增项和纳税调减项;

2. 正确计算境内、境外企业所得税。

实训内容:

情境一 小型微利企业企业所得税核算

晨光公司为增值税一般纳税人,员工 30 人,注册资本 50 万元,主营办公用品。2017 年有关经营情况和纳税情况如下。

(1)销售办公用品开具专用发票 150 万元,开具普通发票 58.5 万元;以物换货取得原材料一批,换出资产公允价值 20 万元(不含税),企业已经确认收入;出租商铺,取得租金收入 10 万元。

(2)销售成本 120 万元,增值税税额 26.84 万元,税金及附加额 2.96 万元。

(3)销售费用 60 元,其中业务宣传费 5 万元。

(4)管理费用 20 万元,其中业务招待费 5.5 万元。

(5)"财务费用"账户列支 20 万元,其中,2017 年 6 月 1 日向非金融企业借入资金 200 万元用于厂房扩建,借款期限 7 个月,当年支付利息 12 万元,该厂房于 9 月月底竣工结算并交付使用,同期银行贷款年利率为 6%。

不考虑其他税费,该企业已经按规定取得所得税优惠审批。

情境二 境内业务企业所得税核算

新华化工机械制造有限公司为增值税一般纳税人,属于居民企业。2017 年度生产经营情况如下。

（1）销售产品取得不含税收入9 000万元；从事符合条件的环境保护项目的收入为1 000万元（第一年取得该项目收入）。

（2）2017年利润表反映的内容如下。

① 产品销售成本4 500万元；从事符合条件的环境保护项目的成本为500万元。

② 销售税金及附加额200万元；从事符合条件的环境保护项目的税金及附加额50万元。

③ 销售费用2 000万元（其中广告费200万元）；财务费用200万元。

④ 投资收益50万元（其中，投资非上市公司的股权，按被投资方作出利润分配决定时确认的投资收益40万元；国债持有期间的利息收入10万元）。

⑤ 管理费用1 200万元（其中，业务招待费85万元；新产品研究开发费30万元）。

⑥ 营业外支出800万元（其中，通过省教育厅捐赠给某高校100万元；非广告性赞助支出50万元；存货盘亏损失50万元）。

（3）全年提取并实际支付工资支出共计1 000万元（其中符合条件的环境保护项目工资100万元）。

（4）全年列支职工福利费支出120万元，职工教育费支出15万元，拨缴工会经费20万元。

期间费用、营业外支出按照销售收入在化工产品和环境保护项目之间进行分配。计算新华公司2017年应缴纳的企业所得税。

情境三　境内外业务企业所得税核算

特变电工为增值税一般纳税人，是居民企业。2017年度发生相关业务如下。

（1）销售产品取得不含税销售额8 000万元，债券利息收入240万元（其中国债利息收入30万元）；应扣除的销售成本5 100万元，缴纳增值税税额600万元、城市维护建设税及教育附加额60万元。

（2）发生销售费用1 400万元，其中，广告费用800万元、业务宣传费用450万元。发生财务费用200万元，其中支付向某企业流动资金周转借款2 000万元一年的借款利息160万元（同期银行贷款年利率为6%）；发生管理费用1 100万元，其中用于新产品、新工艺研制而实际支出的研究开发费用400万元。

（3）2015年度、2016年度经税务机关确认的亏损额分别为70万元和40万元。

（4）2017年度在A、B两国分别设立两个全资子公司，其中在A国设立甲公司，在B国设立乙公司。2017年，甲公司亏损240万元，乙公司应纳税所得额400万元。乙公司在B国按20%的税率缴纳了企业所得税。

任务二　企业所得税预缴申报表填制实训

目的：

能够编制企业所得税纳税申报表。

要求：

1. 计算企业所得税应纳税额。
2. 填制纳税人预缴企业所得税纳税申报表。
3. 填制核定征收所得税纳税申报表。

实训内容：

情境一　企业所得税预缴纳税申报表的填制

创意服装公司的纳税人识别号为91465000202150186Y,采取按月预缴企业所得税方法（按当期实际数预缴）。2017年6月该公司生产经营情况如表9-1所示。

表9-1　创意服装公司生产经营情况

项目	金额/元	项目	金额/元
营业收入	800 000	营业外支出	
营业成本	600 000	其中：工商部门罚款	30 000
利润总额	200 000	违约金	20 000
税金及附加	6 250		
期间费用	75 655		

试填报该公司2017年9月企业所得税预缴纳税申报表（见附表A-39）。

情境二　核定征收所得税纳税申报表的填制

宏远公司因只能准确核算成本费用支出,不能准确核算其收入总额,被税务机关核定征收企业所得税。2017年度,该公司的成本费用支出总额为240万元,经税务机关核定的应税所得率为20%。试计算该公司当年应纳所得税税额并填写纳税申报表（见附表A-40）。

任务三　企业所得税年度纳税申报表（主表）填制实训

目的：

能够进行企业所得税年度纳税申报表的填制。

要求：

1. 计算该企业应纳所得税税额。

2．填制企业所得税纳税申报表。

实训内容：

1．企业基本信息

（1）名称：新疆创意服装公司

（2）性质：股份制企业（增值税一般纳税人）

（3）法定代表人：李元飞

（4）地址及电话：新疆昌吉市延安路 248 号　65223223

（5）开户银行及账号：工商银行昌吉分行营业部　账号 0409200401100702323

（6）纳税人识别号：91465000202150186F

（7）主管国税机关：新疆昌吉市国家税务局直属分局

2．业务内容

2017 年 1—12 月纳税资料如表 9-2 至表 9-11 所示，根据资料填报该企业 2017 年企业所得税年度纳税申报表（主表）（见附表 A-41）。

表9-2　销售收入情况明细

序　号	收入项目	入账金额/元	备　注
1	销售A品牌服装收入	18 000 000.00	
2	销售B品牌服装收入	9 000 000.00	
3	销售C品牌服装收入	3 000 000.00	
	合　计	30 000 000.00	

表9-3　营业外收入明细

序　号	收入项目	入账金额/元	备　注
1	违约金	50 000.00	
2	非货币性资产交换净收入	60 000.00	
3	现金债务重组净所得	90 000.00	
	合　计	200 000.00	

表9-4　成本费用明细

序　号	成本项目	入账金额/元	备　注
1	销售A品牌服装成本	12 000 000.00	
2	销售B品牌服装成本	7 000 000.00	
3	销售C品牌服装成本	2 000 000.00	
	合　计	21 000 000.00	

表9-5　营业外支出明细

序　号	支出项目	入账金额/元	备　注
1	支付违约金	550 000.00	
2	税务局滞纳金	100 000.00	
3	捐赠支出	300 000.00	通过民政局向灾区捐款
4	支付诉讼费	50 000.00	
	合　计	1 000 000.00	

表9-6　税费资料明细

序 号	项目明细	入账金额/元	序 号	项目明细	入账金额/元
1	增值税	330 000.00	5	城镇土地使用税	15 600.00
2	城建税	16 500.00	6	印花税	5 600.00
3	教育费附加	9 900.00	7	企业所得税（预缴）	1 028 200.00
4	房产税	32 400.00		合 计	

表9-7　工资、三项经费明细

序 号	项目明细	入账金额/元	备 注
1	生产工人工资	2 500 000.00	
2	销售人员工资	100 000.00	
3	行政管理人员工资	400 000.00	
	工资合计	3 000 000.00	实发工资260万元
4	职工教育经费	75 000.00	实际发生5万元
5	职工福利费	420 000.00	实际发生30万
6	职工工会经费	50 000.00	实际发生5万元

表9-8　销售费用明细

序 号	项目明细	入账金额/元	序 号	项目明细	入账金额/元
1	销售部门员工工资	100 000.00	4	其他费用	50 000.00
2	销售部门员工福利费	14 000.00		合 计	1 200 000.00
3	广告费	1 036 000.00			

表9-9　财务费用明细

序 号	项目明细	入账金额/元	备 注
1	向金融机构借款	270 000.00	向工行借款450万元，年利率6%
2	银行罚息	7 800.00	
3	手续费	2 200.00	
	合 计	280 000.00	

表9-10　管理费用明细

序 号	项目明细	入账金额/元	序号	项目明细	入账金额/元
1	行政部门员工工资	400 000.00	6	差旅费	142 500.00
2	行政部门员工福利费	70 000.00	7	交通费	1 900.00
3	职工工会经费	8 000.00	8	行政部门员工社会保险和住房公积金	250 000.00
4	职工教育经费	10 000.00	9	固定资产折旧	150 000.00
5	业务招待费	300 000.00	10	三新研发费	1 000 000.00
				合 计	2 350 000.00

表9-11　对外投资收益明细

序 号	投资项目	投资金额/元	收益金额/元	备 注
1	投资甲公司股权	2 000 000.00	170 000.00	非上市公司分得利润

任务四　企业所得税综合业务实训

目的:

能够进行企业所得税涉税业务的综合处理。

要求:

1. 计算该企业应纳所得税税额。

2. 进行企业所得税涉税业务的会计处理:填制记账凭证。

3. 填制企业所得税申报表(见附表 A-42)和重要附表(见附表 A-43 至附表 A-45)。

实训内容:

1. 企业基本信息

(1)名称:新疆庆源制造有限责任公司

(2)性质:有限责任企业(增值税一般纳税人)

(3)法定代表人:张峰

(4)地址及电话:新疆昌吉市北京南路 26 号　2324687

(5)开户银行及账号:工商银行北京南路分理处　账号 0650100401100701666

(6)纳税人识别号:91652300202150126Z

(7)主管国税机关:新疆昌吉市国家税务局直属

2. 实训资料

2017 年境内经营业务如表 9-12 至 9-21 所示。

表9-12　销售收入明细

序　号	收入项目	入账金额/元	备　注
1	销售产品收入	24 500 000.00	
2	销售材料收入	100 000.00	
3	对外提供加工劳务收入	250 000.00	
4	转让商标使用权收入	150 000.00	
	合　计	25 000 000.00	

表9-13　销售成本明细

序　号	成本项目	入账金额/元	备　注
1	销售货物成本	10 740 000.00	
2	销售材料成本	60 000.00	
3	对外提供加工劳务成本	180 000.00	
4	转让商标使用权成本	120 000.00	
	合　计	11 000 000.00	

表9-14　销售费用明细

序　号	项目明细	入账金额/元	序　号	项目明细	入账金额/元
1	销售部门员工工资	100 000.00	4	其他费用	2 082 000.00
2	销售部门员工福利费	18 000.00			6 700 000.00
3	广告费	4 500 000.00		合　计	

表9-15　财务费用明细

序　号	项目明细	入账金额/元	备　注
1	向金融机构借款	300 000.00	向工行借款500万元，年利率6%
2	向其他企业借款	300 000.00	向宏大公司借款300万元，年利率10%
	合　计	600 000.00	

表9-16　管理费用明细

序　号	项目明细	入账金额/元	序　号	项目明细	入账金额/元
1	行政部门员工工资	200 000.00	9	交通费	29 500.00
2	行政部门员工福利费	30 000.00	10	行政部门员工社会保险和住房公积金	150 000.00
3	职工工会经费	5 000.00	11	固定资产折旧	300 000.00
4	职工教育经费	8 000.00	12	三新研发费	400 000.00
5	业务招待费	150 000.00	13	房产税	25 000.00
6	咨询费	777 000.00	14	城镇土地使用税	35 600.00
7	中介费	2 500 000.00	15	印花税	4 400.00
8	差旅费	165 500.00	16	车船税	20 000.00
				合　计	4 800 000.00

表9-17　税费明细

序　号	项目明细	入账金额/元	序　号	项目明细	入账金额/元
1	增值税	1 200 000.00	6	城镇土地使用税	35 600.00
2	城建税	84 000.00	7	印花税	4 400.00
3	教育费附加	36 000.00	8	车船税	20 000.00
4	房产税	25 000.00	9	企业所得税1-11	500 000.00
				合　计	1 905 000.00

表9-18　营业外收入明细

序　号	收入项目	入账金额/元	备　注
1	固定资产盘盈	250 000.00	
2	处置固定资产净收益	350 000.00	
3	债务重组净所得	100 000.00	
	合　计	700 000.00	

表9-19 营业外支出明细

序 号	支出项目	入账金额/元	备 注
1	税务局滞纳金	60 000.00	
2	捐赠支出	412 400.00	其中,直接向小学捐款5万元,通过公益性社会团体向贫困山区捐款362 400元
3	支付环保罚款	17 600.00	
	合 计	500 000.00	

表9-20 对外投资收益明细

序 号	投资项目	投资金额/元	收益金额/元	备 注
1	投资A公司股权	2 000 000.00	240 000.00	非上市公司分得利润
2	股票市场上购买股票	1 200 000.00	100 000.00	持有期限超过12个月
	合 计		340 000.00	

表9-21 工资、三项经费资料明细

序 号	项目明细	入账金额	备 注
1	生产工人工资	1 200 000.00	
2	销售人员工资	100 000.00	
3	行政管理人员工资	200 000.00	
	工资合计	1 500 000.00	实发工资
4	职工教育经费	60 000.00	
5	职工福利费	230 000.00	
6	职工工会经费	30 000.00	

项目小结

　　通过本项目的练习,能够熟悉应纳税所得额的构成,并能正确核算应纳税所得额;掌握各项扣除限额的标准,并能熟练计算扣除限额;正确处理企业境内、境外业务的企业所得税核算;正确填报预缴企业所得税表、年度企业所得税主表及其附表。

项目十
个人所得税业务实训

任务一　企业代扣代缴工资薪金个人所得税业务实训

目的：

1．了解代扣代缴工资薪金个人所得税纳税申报和缴纳流程。

2．掌握个人所得税申报表的填制。

3．能够独立进行个人所得税的计算。

要求：

1．计算本月应纳个人所得税税额。

2．进行个人所得税涉税业务的会计处理：填制记账凭证；登记"应交税费"相关明细账。

3．填制个人所得税纳税申报表（见附表 A-46）。

实训内容：

1．企业基本信息

（1）名称：河北保定绿叶股份有限公司

（2）性质：私营

（3）法定代表人：柳环保

（4）地址及电话：河北省保定市解放路 666 号　0312-6511707

（5）开户银行及账号：工商银行解放路分理处　账号 7088200033055998877

（6）纳税人识别号：91130601246780405Z

2．相关业务（原始凭证见附录 B）

该企业现有员工 22 名，需缴纳个人所得税的有 12 人。2017 年 12 月人事部门在计算代扣员工当月个人所得税时发现，与以往月份相比当月有以下情况需要引起注意。

（1）1 日，与王桐画签订协议，承租其门面房作为公司产品的专卖店，租期 2 年，每月支付租金 2 000 元。

（2）因公司最近业务拓展到其他领域，会计人员对所发生的业务如何做账把握不准确，为此，聘请某大学教授余强对全体会计人员开展为期一周的业务培训，共支付余强 20 000 元报酬。

（3）5 日，公司与青年科技人员欧阳雪签订协议，约定欧阳雪将其新发明的一项专利转让给本公司，本公司向其支付价款 100 000 元。

（4）8日，支付员工工资38 927.6元，其中代扣个人所得税的员工工资28 927.6元。

（5）为解决公司高管住房问题，12月20日，向本市居民童大文购买住房一套，作为某高管在当地的居住地点。向童大文支付价款500 000元，该住房童某买时花了200 000元，转让时支付相关税费50 000元。

（6）临近元旦，公司开展有奖销售活动，设特等奖一名，奖品为价值20 000元的音响和价值5 000元的彩电；设一等奖两名，奖品为价值10 000元的空调；设二等奖两名，奖品为价值5 000元的数码相机；设三等奖三名，奖品为价值2 000元的自动洗衣机。

任务二　劳务报酬、利息股息红利个人所得税业务实训

目的：

1. 了解代扣代缴劳务报酬、利息股息红利个人所得税纳税申报和缴纳流程。

2. 掌握个人所得税缴款书的填制，能够独立进行个人所得税的计算。

要求：

1. 计算应纳个人所得税税额。

2. 填制个人所得税缴款书（见附表A–47）。

实训内容：

情境一　租金、劳务报酬、稿酬、利息个税代扣实训

张语桐是上海市浦东新区某公司的技术骨干，2017年取得收入情况如下。

（1）每月领取工资8 000元。

（2）购买国债，取得利息收入4 000元。

（3）10月1日出租自有门面房，每月获取租金5 000元，租期2年。

（4）购买企业债券，取得利息收入3 000元，没有扣缴个人所得税。

（5）利用业余时间兼职，1～12月每月从兼职单位获取报酬3 000元，每月从中拿出500元通过国家机关捐给希望工程，兼职单位未扣缴个人所得税。

（6）在国内专业杂志上发表文章一篇，取得稿酬2 800元。

（7）11月15日将其拥有的一项发明专利让渡给B公司，双方约定的转让价款60 000元，B公司扣缴个人所得税9 600元。

情境二　稿酬、劳务报酬、租金个税业务实训

黄某是一位作家，2017年发生以下收入。

（1）1月出版一本散文集取得稿费8万元，后因散文加印和报刊连载，分别取得出版社稿酬1万元和报社稿酬3 500元。同月，该散文中的一篇散文由电影公司改编成电影，支付

作家改编许可费 3 万元。

（2）3 月应邀出国访问期间，举办有关中国文学讲座，国外主办单位支付酬金 3 000 美元，境外缴纳个人所得税 100 美元（人民币：美元 =1∶6.82）。

（3）4 月为国内某单位作讲座获得报酬 5 000 元。

（4）7 月将市区内闲置的一处住房按市价出租给他人居住，租期半年，每月租金 4 000 元，已缴纳营业税（其他税费暂不考虑）。9 月发生漏雨修缮费 700 元。

任务三　个体工商户个人所得税综合业务实训

目的：

1. 了解个体工商户个人所得税纳税申报和缴纳流程。

2. 掌握个体户纳税申报表的填制。

3. 能够独立进行个人所得税的计算。

要求：

1. 计算应纳个人所得税税额。

2. 填制个体户纳税申报表（见附表 A–48）。

实训内容：

甄爱美服装店系个体经营户，账册健全。2017 年有关经营数据如下。

（1）当年取得服装销售收入 80 万元，其他业务收入 20 万元；应扣除的服装销售成本 40 万元，发生的服装销售费用 15 万元（本年发生广告费 2 万元，上年未抵扣完广告费 1 万元）。

（2）当年 5 月 1 日向其他企业借款 5 万元用于流动资金周转，年利率 9%，当年支付的利息费用 0.3 万元全部计入财务费用，同期银行贷款的年利率为 6%。

（3）缴纳增值税税额 20 万元，营业税税额 5 万元、城市维护建设税和教育费附加额 2.5 万元。

（4）管理费用 30 万元（其中实际发生的业务招待费 10 万元）。

（5）全年计入成本、费用中的实发工资总额 15 万元，按实发工资总额和规定比例计提并支付的工会经费、职工福利费和职工教育经费也一并计入成本费用（该个体户本人每月工资 2 500 元，雇用员工 10 人，每人每月工资 1 000 元）。

（6）营业外收支发生以下业务：①一辆小货车在运输途中发生车祸，损失达 8 万元，取得保险公司赔偿金额为 4.5 万元；②直接向其他企业某雇员捐赠 0.5 万元，通过当地民政部门向发生泥石流地区捐赠 4 万元。

项目小结

通过本项目的练习，能够熟悉个人所得税不同项目的计算方法；明了企业代扣代缴个人所得税的基本类型；学会各种个人所得税纳税申报表和代扣代缴个人所得税申报表的填制。

附录A 税务登记、管理及各税种纳税申报表格

附表A-1

纳税人首次办税补充信息表

<table>
<tr><td>统一社会
信用代码</td><td colspan="3"></td><td>纳税人名称</td><td colspan="2"></td></tr>
<tr><td>核算方式</td><td colspan="3">请选择对应项目打"√"
□ 独立核算　　　　□ 非独立核算</td><td>从业人数</td><td colspan="2">＿＿＿＿其中外籍人数＿＿＿＿</td></tr>
<tr><td>适用会计制度</td><td colspan="6">请选择对应项目打"√"
□ 企业会计制度　□ 企业会计准则　□ 小企业会计准则　□ 行政事业单位会计制度</td></tr>
<tr><td>生产经营地</td><td colspan="6">＿＿＿＿省（市/自治区）＿＿＿＿市（地区/盟/自治州）＿＿＿＿县（自治县/旗/自治旗/市/区）＿＿＿＿乡（民族乡/镇/街道）＿＿＿＿村（路/社区）＿＿＿＿号</td></tr>
<tr><td>办税人员</td><td>身份证件种类</td><td>身份证件号码</td><td>固定电话</td><td>移动电话</td><td colspan="2">电子邮箱</td></tr>
<tr><td></td><td></td><td></td><td></td><td></td><td colspan="2"></td></tr>
<tr><td>财务负责人</td><td>身份证件种类</td><td>身份证件号码</td><td>固定电话</td><td>移动电话</td><td colspan="2">电子邮箱</td></tr>
<tr><td></td><td></td><td></td><td></td><td></td><td colspan="2"></td></tr>
<tr><td colspan="7">税务代理人信息</td></tr>
<tr><td colspan="2">纳税人识别号</td><td>名称</td><td colspan="2">联系电话</td><td colspan="2">电子信箱</td></tr>
<tr><td colspan="2"></td><td></td><td colspan="2"></td><td colspan="2"></td></tr>
<tr><td colspan="7">代扣代缴、代收代缴税款业务情况</td></tr>
<tr><td colspan="3">代扣代缴、代收代缴税种</td><td colspan="4">代扣代缴、代收代缴税款业务内容</td></tr>
<tr><td colspan="3"></td><td colspan="4"></td></tr>
<tr><td colspan="3"></td><td colspan="4"></td></tr>
<tr><td colspan="3">经办人签章：

　　　　年　月　日</td><td colspan="4">纳税人签章：

　　　　年　月　日</td></tr>
<tr><td>国标行业（主）</td><td colspan="2"></td><td>主行业明细行业</td><td colspan="3"></td></tr>
<tr><td colspan="3">国标行业（附）</td><td colspan="4">国标行业（附）明细行业</td></tr>
<tr><td colspan="3"></td><td colspan="4"></td></tr>
<tr><td colspan="3"></td><td colspan="4"></td></tr>
<tr><td>纳税人所处街乡</td><td colspan="2"></td><td>隶属关系</td><td></td><td>国地管户类型</td><td></td></tr>
<tr><td>国税主管税务局</td><td colspan="2"></td><td colspan="2">国税主管税务所（科、分局）</td><td colspan="2"></td></tr>
<tr><td>地税主管税务局</td><td colspan="2"></td><td colspan="2">地税主管税务所（科、分局）</td><td colspan="2"></td></tr>
<tr><td>经办人</td><td colspan="2"></td><td colspan="2">信息采集日期</td><td colspan="2"></td></tr>
</table>

附表A-2

变更税务登记表

纳税人名称		纳税人识别号		
变更登记事项				
序号	变更项目	变更前内容	变更后内容	批准机关名称及文件

送缴证件情况：

纳税人

经办人：　　　　　法定代表人（负责人）：　　　　　纳税人（签章）

年　月　日　　　　年　月　日　　　　年　月　日

经办税务机关审核意见：

经办人：　　　　　负责人：　　　　　税务机关（签章）

年　月　日　　　　年　月　日　　　　年　月　日

附表A-3

清税申报表

纳税人名称		统一社会信用代码	
注销原因			
附送资料			

纳税人			
经办人：	法定代表人（负责人）		纳税人（签章）
年　月　日	年　月　日		年　月　日
以下由税务机关填写			
受理时间	经办人：	负责人：	
	年　月　日		年　月　日
清缴税款、滞纳金、罚款情况	经办人：	负责人：	
	年　月　日		年　月　日
缴销发票情况	经办人：	负责人：	
	年　月　日		年　月　日
税务检查意见	检查人员：	负责人：	
	年　月　日		年　月　日
批准意见	部门负责人：	税务机关（签章）	
	年　月　日		年　月　日

填表说明：

1. 附送资料：填写附报的有关注销的文件和证明资料；

2. 清缴税款、滞纳金、罚款情况：填写纳税人应纳税款、滞纳金、罚款缴纳情况；

3. 缴销发票情况：纳税人发票领购簿及发票缴销情况；

4. 税务检查意见：检查人员对需要清查的纳税人，在纳税人缴清查补的税款、滞纳金、罚款后签署意见；

5. 本表一式三份，税务机关两份，纳税人一份。

附表A-4

增值税一般纳税人申请认定表

纳税人名称			纳税人识别号		
法定代表人（负责人、业主）		证件名称及号码		联系电话	
财务负责人		证件名称及号码		联系电话	
办税人员		证件名称及号码		联系电话	
生产经营地址					
核算地址					
纳税人类别：企业、企业性单位□　　非企业性单位□　　个体工商户□　　其他□					
纳税人主业：工业□　　　　商业□　　　　　其他□					
认定前累计应税销售额（连续不超过12个月的经营期内）			年　月至　年　月共　元。		
纳税人声明	上述各项内容真实、可靠、完整。如有虚假，本纳税人愿意承担相关法律责任。 （签章）： 　　　　　　　　　　　　　　　　　　年　　月　　日				
税务机关					
受理意见	同意受理□ 　　　　　　　　　　　　　　　　受理人签名： 　　　　　　　　　　　　　　　　　　年　　月　　日				
查验意见	经实地查验符合规定，详见查验报告□ 经实地查验不符合规定，详见查验报告□ 　　　　　　　　　　　　　　　　查验人签名： 　　　　　　　　　　　　　　　　　　年　　月　　日				
主管税务机关意见	建议自　年　月起认定为增值税一般纳税人□ 建议自　年　月起至　年　月认定为实行纳税辅导期管理的增值税一般纳税人□ 不符合认定办法规定条件，建议不予认定□ 　　　　　　　　　　　　　　　　（签章） 　　　　　　　　　　　　　　　　　　年　　月　　日				
认定机关意见	同意自　年　月起认定为增值税一般纳税人□ 同意自　年　月起至　年　月认定为实行纳税辅导期管理的增值税一般纳税人□ 同意不予认定□ 　　　　　　　　　　　　　　　　（签章） 　　　　　　　　　　　　　　　　　　年　　月　　日				

注：本表一式二份，主管税务机关和纳税人各留存一份。

附表A-5

不认定增值税一般纳税人申请表

纳税人名称		纳税人识别号	
纳税人 意见			
			（签章）： 　年　月　日
主管税 务机关 意见			
			（签章） 　年　月　日
认定机 关意见			
			（签章） 　年　月　日

注：本表一式二份，主管税务机关和纳税人各留存一份。

附表A-6

个体工商户定额核定审批表

纳税人名称：

纳税人识别号				业主姓名			电话	
经营地址				核定期限	年 月 日至		年 月	日

项目	应纳税经营额	税		税		税		税		合计
		税率	税额	税率	税额	税率	税额	税率	税额	
业户自报										

定额比对	上期定额			上期月均开具普通发票应税金额					

项目	应纳税经营额	税		税		税		税		合计
		税率	税额	税率	税额	税率	税额	税率	税额	
主管税务机关核定 1										
2										

管理环节意见	经办人：　　　　　　负责人：　　　　　　（签章） 　　　　　　　　　　　　　　　　年　月　日
主管税务机关意见	负责人：　　　　　　　　　　　　　　　　（签章） 　　　　　　　　　　　　　　　　年　月　日
县（市）级税务机关意见	负责人：　　　　　　　　　　　　　　　　（签章） 　　　　　　　　　　　　　　　　年　月　日

填表时间：　　年　月　日

注：本表一式三份，一份纳税人留存，主管税务机关和县（市）级税务机关各留存一份。

附表A-7

普通发票领购申请审批表

纳税代码：

申请单位名称		经济类型		法定代表人或负责人	
地址		营业执照号码		税务登记证号码	
行业		发票管理责任人		电话	
经营范围					

申领发票名称	联次	票面限额	每月用量	备注

申请理由： 法定代表人签章： 经办人签章：　　　　　　　　　　申请单位（公章） 　　　　　　　　　　　　　　　　　年　月　日	申请单位财务 专用章或发票 专用章印模

以下由税务机关填写				
发票名称	发票代码	联次	每次限购数量	备注

购票方式		保管方式	
发票管理部门审批意见：		分管局长意见： （公章） 年　月　日	
负责人：　　　　　　经办人：			

注：1. 本表系纳税人初次申购发票前及经营范围变化等原因，需增减发票种类数量时填写；

2. 纳税人申领发票，应持工商执照或其他核准营业证件副本（含复印件1份）、税务登记证副本（含复印件1份）、财务印章或发票专用章印模以及经办人身份证明；

3. 本表不作为日常领购的凭据；

4. 本表一式三份，一份纳税人留存，一份交发票管理部门留存，一份交发票发售部门留存。

附表A-8

领取增值税专用发票领购簿申请书

_____国家税务局：

我单位已于_____年___月___日被认定为增值税一般纳税人，纳税人识别号□□□□□□□□□□□□□□□，现申请购买增值税专用发票。

发票名称	发票代码	联次	每次领购最大数量
			本/份
			本/份
			本/份

为做好专用发票的领购工作，我单位特指定_____（身份证号：_____）和_____（身份证号：_____）___位同志为购票员。

我单位将建立健全专用发票管理制度，严格遵守有关专用发票领购、使用、保管的法律和法规。

法定代表人（负责人）（签字）：

申请单位（签章）
年　　月　　日

主管税务机关审核意见：

（公章）
年　　月　　日

县（市）级税务机关审核意见：

（公章）
年　　月　　日

注：本表一式三份，一份纳税人留存，各级税务机关留存一份。

附表A-9

增 值 税 纳 税 申 报 表

(一般纳税人适用)

根据国家税收法律法规及增值税相关规定制定本表。纳税人不论有无销售额,均应按税务机关核定的纳税期限填写本表,并向当地税务机关申报。

税款所属时间: 自 年 月 日至 年 月 日 填表日期: 金额单位: 元至角分

纳税人识别号															所属行业:	

纳税人名称		法定代表人姓名		注册地址		营业地址	
开户银行及帐号				登记注册类型		电话号码	

项 目		栏 次	一般项目		即征即退项目	
			本月数	本年累计	本月数	本年累计
销售额	(一)按适用税率计税销售额	1				
	其中:应税货物销售额	2				
	应税劳务销售额	3				
	纳税检查调整的销售额	4				
	(二)按简易办法计税销售额	5				
	其中:纳税检查调整的销售额	6				
	(三)免、抵、退办法出口销售额	7			—	—
	(四)免税销售额	8			—	—
	其中:免税货物销售额	9			—	—
	免税劳务销售额	10			—	—
税款计算	销项税额	11				
	进项税额	12				
	上期留抵税额	13			—	
	进项税额转出	14				
	免、抵、退应退税额	15			—	
	按适用税率计算的纳税检查应补缴税额	16			—	
	应抵扣税额合计	17=12+13-14-15+16			—	
	实际抵扣税额	18(如17<11,则为17,否则为11)				
	应纳税额	19=11-18				
	期末留抵税额	20=17-18			—	
	简易计税办法计算的应纳税额	21				
	按简易计税办法计算的纳税检查应补缴税额	22				
	应纳税额减征额	23				
	应纳税额合计	24=19+21-23				

（续表）

税款缴纳	期初未缴税额（多缴为负数）	25			
	实收出口开具专用缴款书退税额	26		—	—
	本期已缴税额	27=28+29+30+31			
	①分次预缴税额	28		—	—
	②出口开具专用缴款书预缴税额	29		—	—
	③本期缴纳上期应纳税额	30			
	④本期缴纳欠缴税额	31			
	期末未缴税额（多缴为负数）	32=24+25+26−27			
	其中：欠缴税额（≥0）	33=25+26−27		—	—
	本期应补（退）税额	34=24−28−29		—	—
	即征即退实际退税额	35	—		
	期初未缴查补税额	36		—	—
	本期入库查补税额	37		—	—
	期末未缴查补税额	38=16+22+36−37		—	—

授权声明	如果你已委托代理人申报，请填写下列资料： 为代理一切税务事宜，现授权_____ （地址）_____为本纳税人的代理申报人，任何与本申报表有关的往来文件，都可寄予此人。 授权人签字：	申报人声明	本纳税申报表是根据国家税收法律法规及相关规定填报的，我确定它是真实的、可靠的、完整的。 声明人签字：

主管税务机关：　　　　接收人：　　　　接收日期：

附表A-10

本月只有正常销售。

增值税纳税申报表附列资料（一）

（本期销售情况明细）

纳税人名称：（公章）

税款所属时间：　　年　月　日至　　年　月　日

金额单位：元至角分

项目及栏次			开具增值税专用发票		开具其他发票		未开具发票		纳税检查调整		合计			服务、不动产和无形资产扣除项目本期实际扣除金额	扣除后	
			销售额	销项（应纳）税额	销售额	销项（应纳）税额	销售额	销项（应纳）税额	销售额	销项（应纳）税额	销售额	销项（应纳）税额	价税合计		含税（免税）销售额	销项（应纳）税额
			1	2	3	4	5	6	7	8	9=1+3+5+7	10=2+4+6+8	11=9+10	12	13=11-12	14=13÷(100%+税率或征收率)×税率或征收率
一般计税方法计税	全部征税项目	17%税率的货物及加工修理修配劳务	1														
		17%税率的服务、不动产和无形资产	2														
		13%税率	3														
		11%税率	4														
		6%税率	5					—	—	—	—	—	—	—	—	—	—
	其中:即征即退项目	即征即退货物及加工修理修配劳务	6					—	—	—	—	—	—	—	—	—	—
		即征即退服务、不动产和无形资产	7					—	—	—	—	—	—	—	—	—	—

（续表）

项目			栏次										
二、简易计税方法计税	全部征税项目	6%征收率	8	—	—	—	—	—	—	—	—	—	—
		5%征收率	9	—	—	—	—	—	—	—	—	—	—
		4%征收率	10	—	—	—	—	—	—	—	—	—	—
		3%征收率的货物及加工修理修配劳务	11	—	—	—	—	—	—	—	—	—	—
		3%征收率的服务、不动产和无形资产	12	—	—	—	—	—	—	—	—	—	—
	其中：即征即退项目	预征率 %	13a	—	—	—	—	—	—	—	—	—	—
		预征率 %	13b	—	—	—	—	—	—	—	—	—	—
		预征率 %	13c	—	—	—	—	—	—	—	—	—	—
		即征即退货物及加工修理修配劳务	14	—	—	—	—	—	—	—	—	—	—
		即征即退服务、不动产和无形资产	15	—	—	—	—	—	—	—	—	—	—
三、免抵退税	货物及加工修理修配劳务		16	—	—	—	—	—	—	—	—	—	—
	服务、不动产和无形资产		17	—	—	—	—	—	—	—	—	—	—
四、免税	货物及加工修理修配劳务		18	—	—	—	—	—	—	—	—	—	—
	服务、不动产和无形资产		19	—	—	—	—	—	—	—	—	—	—

附表A-11

增值税纳税申报表附列资料（二）

（本期进项税额明细）

税款所属时间： 年 月 日至 年 月 日

纳税人名称：（公章） 金额单位：元至角分

一、申报抵扣的进项税额				
项 目	栏次	份数	金额	税额
（一）认证相符的增值税专用发票	1=2+3			
其中：本期认证相符且本期申报抵扣	2			
前期认证相符且本期申报抵扣	3			
（二）其他扣税凭证	4=5+6+7+8			
其中：海关进口增值税专用缴款书	5			
农产品收购发票或者销售发票	6			
代扣代缴税收缴款凭证	7		—	
其他	8			
（三）本期用于构建不动产的扣税凭证	9			
（四）本期不动产允许抵扣进项税额	10	—	—	
（五）外贸企业进项税额抵扣证明	11	—	—	
当期申报抵扣进项税额合计	12=1+4-9+10+11			

二、进项税额转出额		
项 目	栏次	税额
本期进项税额转出额	13=14至23之和	
其中：免税项目用	14	
集体福利、个人消费	15	
非正常损失	16	
简易计税方法征税项目用	17	
免抵退税办法不得抵扣的进项税额	18	
纳税检查调减进项税额	19	
红字专用发票信息表注明的进项税额	20	
上期留抵税额抵减欠税	21	
上期留抵税额退税	22	
其他应作进项税额转出的情形	23	

三、待抵扣进项税额				
项 目	栏次	份数	金额	税额
（一）认证相符的增值税专用发票	24	—	—	—
期初已认证相符但未申报抵扣	25			
本期认证相符且本期未申报抵扣	26			
期末已认证相符但未申报抵扣	27			
其中：按照税法规定不允许抵扣	28			
（二）其他扣税凭证	29=30至33之和			
其中：海关进口增值税专用缴款书	30			
农产品收购发票或者销售发票	31			

（续表）

代扣代缴税收缴款凭证	32		—	
其他	33			
	34			
四、其他				
项目	栏次	份数	金额	税额
本期认证相符的增值税专用发票	35			
代扣代缴税额	36		—	—

附表A-12

本月未发生相关业务，零申报。

增值税纳税申报表附列资料（三）

（服务、不动产和无形资产扣除项目明细）

税款所属时间： 年 月 日至 年 月 日

纳税人名称：（公章） 金额单位：元至角分

项目及栏次		本期服务、不动产和无形资产价税合计额（免税销售额）	服务、不动产和无形资产扣除项目				
			期初余额	本期发生额	本期应扣除金额	本期实际扣除金额	期末余额
		1	2	3	4=2+3	5（5≤1且5≤4）	6=4-5
17%税率的项目	1						
11%税率的项目	2						
6%税率的项目（不含金融商品转让）	3						
6%税率的金融商品转让项目	4						
5%征收率的项目	5						
3%征收率的项目	6						
免抵退税的项目	7						
免税的项目	8						

附表A-13

发生税控机器技术维护费720元。

增值税纳税申报表附列资料（四）

（税额抵减情况表）

税款所属时间： 年 月 日至 年 月 日

纳税人名称：（公章） 金额单位：元至角分

序号	抵减项目	期初余额	本期发生额	本期应抵减税额	本期实际抵减税额	期末余额
		1	2	3=1+2	4≤3	5=3-4
1	增值税税控系统专用设备费及技术维护费					
2	分支机构预征缴纳税款					
3	建筑服务预征缴纳税款					
4	销售不动产预征缴纳税款					
5	出租不动产预征缴纳税款					

附表A-14

增值税纳税申报表附列资料（五）

（不动产分期抵扣计算表）

税款所属时间： 年 月 日至 年 月 日

纳税人名称：（公章） 金额单位：元至角分

期初待抵扣不动产进项税额	本期不动产进项税额增加额	本期可抵扣不动产进项税额	本期转入的待抵扣不动产进项税额	本期转出的待抵扣不动产进项税额	期末待抵扣不动产进项税额
1	2	3≤1+2+4	4	5≤1+4	6=1+2-3+4-5

附表A-15

购进固定资产价款20 000元，进项税额3 400元。

固定资产进项税额抵扣情况表

纳税人名称（公章）： 填表日期： 年 月 日 金额单位：元至角分

项 目	当期申报抵扣的固定资产进项税额	申报抵扣的固定资产进项税额累计
增值税专用发票		
海关进口增值税专用缴款书		
合 计		

附表A-16

增 值 税 纳 税 申 报 表
（小规模纳税人适用）

税款所属时间：　　年　　月　　日　　填表日期：　　年　　月　　日　　　　　　　　金额单位：元

纳税人识别号												所属行业：	
纳税人名称	（公章）		法定代表人姓名				营业地址		
开户银行及账号			企业登记注册类型				电话号码		

项　目　　　　　　　货物或应税劳务名称	销售额	征收率	本期应纳税客	截至上期累计欠税额	本期已清理欠税额
	1	2	3=1×2	4	5

授权代理人	（如果你已委托代理申报人，请填写下列资料）为代理人一切税务事宜，现授权（地址）　　　　为本纳税人的代理申报人，任何与本申报有关的往来文件，都可寄与此人。 授权人签字：	声明	此纳税申报表是根据《中华人民共和国增值税暂行条例》的规定填报的，我确信它是真实的、可靠的、完整的。 声明人签字：

会计主管签字：　　　　　　　代理申报人签字：　　　　　　　　　　　纳税人盖章：

以下由税务机关填写：

收到日期		接收人		审核日期		主管税务机关盖章：
审核记录						核收人签字：

附表A-17

增 值 税 纳 税 申 报 表

（一般纳税人适用）

根据国家税收法律法规及增值税相关规定制定本表。纳税人不论有无销售额,均应按税务机关核定的纳税期限填写本表,并向当地税务机关申报。

税款所属时间:自 年 月 日至 年 月 日 填表日期: 金额单位:元至角分

纳税人识别号													所属行业:		
纳税人名称		法定代表人姓名			注册地址			营业地址		
开户银行及帐号				登记注册类型			电话号码		

项 目		栏 次	一般项目		即征即退项目	
			本月数	本年累计	本月数	本年累计
销售额	（一）按适用税率计税	1				
	其中:应税货物销售额	2				
	应税劳务销售额	3				
	纳税检查调整的销售额	4				
	（二）按简易办法计税销售额	5				
	其中:纳税检查调整的销售额	6				
	（三）免、抵、退办法出口销售额	7			—	—
	（四）免税销售额	8			—	—
	其中:免税货物销售额	9			—	—
	免税劳务销售额	10			—	—
税款计算	销项税额	11				
	进项税额	12				
	上期留抵税额	13				—
	进项税额转出	14				
	免、抵、退应退税额	15			—	—
	按适用税率计算的纳税检查应补缴税额	16				
	应抵扣税额合计	17=12+13-14-15+16		—		—
	实际抵扣税额	18（如17<11,则为17,否则为11）				
	应纳税额	19=11-18				
	期末留抵税额	20=17-18				—
	简易计税办法计算的应纳税额	21				
	按简易计税办法计算的纳税检查应补缴税额	22			—	—
	应纳税额减征额	23				
	应纳税额合计	24=19+21-23				

（续表）

税款缴纳	期初未缴税额（多缴为负数）	25			
	实收出口开具专用缴款书退税额	26		—	—
	本期已缴税额	27=28+29+30+31			
	①分次预缴税额	28		—	—
	②出口开具专用缴款书预缴税额	29		—	—
	③本期缴纳上期应纳税额	30			
	④本期缴纳欠缴税额	31			
	期末未缴税额（多缴为负数）	32=24+25+26-27			
	其中：欠缴税额（≥0）	33=25+26-27		—	—
	本期应补（退）税额	34=24-28-29			
	即征即退实际退税额	35	—	—	
	期初未缴查补税额	36			—
	本期入库查补税额	37			—
	期末未缴查补税额	38=16+22+36-37			—
授权声明	如果你已委托代理人申报，请填写下列资料： 为代理一切税务事宜，现授权_____ （地址）_____为本纳税人的代理申报人，任何与本申报表有关的往来文件，都可寄予此人。 授权人签字：		申报人声明	本纳税申报表是根据国家税收法律法规及相关规定填报的，我确定它是真实的、可靠的、完整的。 声明人签字：	

附表A-18

小汽车消费税纳税申报表

税款所属期： 年 月 日至 年 月 日

纳税人名称（公章）：

纳税人识别号： □□□□□□□□□□□□□□□□

填表日期： 年 月 日 单位：辆、元（列至角分）

项目 应税消费品名称		适用税率	销售数量	销售额	应纳税额
乘用车	气缸容量≤1.0升	1%			
	1.0升＜气缸容量≤1.5升	3%			
	1.5升＜气缸容量≤2.0升	5%			
	2.0升＜气缸容量≤2.5升	9%			
	2.5升＜气缸容量≤3.0升	12%			
	3.0升＜气缸容量≤4.0升	25%			
	气缸容量＞4.0升	40%			
中轻型商用客车		5%			
合　计			——	——	——

本期准予扣除税额：	**声明** 　此纳税申报表是根据国家税收法律的规定填报的，我确定它是真实的、可靠的、完整的。
本期减（免）税额：	
期初未缴税额：	经办人（签章）： 　财务负责人（签章）： 　联系电话：
本期缴纳前期应纳税额：	（如果你已委托代理人申报，请填写）
本期预缴税额：	**授权声明**
本期应补（退）税额：	为代理一切税务事宜，现授权＿＿＿＿（地址）＿＿＿＿为本纳税
期末未缴税额：	人的代理申报人，任何与本申报表有关的往来文件，都可寄予此人。 　授权人签章：

以下由税务机关填写

受理人（签字）： 受理日期： 年 月 日 受理税务机关（公章）：

附表A-19

成品油消费税纳税申报表

税款所属期：　　　年　　月　　日至　　　年　　月　　日

纳税人名称（公章）：

纳税人识别号：□□□□□□□□□□□□□□□□□□□

填表日期：　　　年　　月　　日　　　　　　　　　　计量单位：升；金额单位：元（列至角分）

项目 / 应税消费品名称	适用税率（元/升）	销售数量	应纳税额
汽油	1.12		
	1.40		
	1.52		
柴油	0.94		
	1.10		
	1.20		
石脑油	1.12		
	1.40		
	1.52		
溶剂油	1.12		
	1.40		
	1.52		
润滑油	1.12		
	1.40		
	1.52		
燃料油	0.94		
	1.10		
	1.20		
航空煤油	0.94		—
	1.10		—
	1.20		—
合　计	—	—	

本期减（免）税额：		声明
期初留抵税额：		此纳税申报表是根据国家税收法律、法规规定填报的，我确定它是真实的、可靠的、完整的。
本期准予扣除税额：		
本期应抵扣税额：		
期初未缴税额：		
期末留抵税额：		
本期实际抵扣税额：		声明人签字：
本期缴纳前期应纳税额：		（如果你已委托代理人申报，请填写）
本期预缴税额：		授权声明
本期应补（退）税额：		为代理一切税务事宜，现授权_____（地址）_____为本纳税人的代理申报人，任何与本申报表有关的往来文件，都可寄予此人。
期末未缴税额：		授权人签字：

以下由税务机关填写

受理人（签字）：　　　　受理日期：　　　年　　月　　日　　　　受理税务机关（公章）：

附表A-20

酒类应税消费品消费税纳税申报表

税款所属期：　　　年　　月　　日至　　　年　　月　　日

纳税人名称（公章）：

纳税人识别号：

填表日期：　　　年　　月　　日　　　　　　　　　　　金额单位：元（列至角分）

项目 应税消费品名称	适用税率		销售数量	销售额	应纳税额
	定额税率	比例税率			
粮食白酒	0.5元/斤	20%			
薯类白酒	0.5元/斤	20%			
啤酒	250元/吨	—			
啤酒	220元/吨	—			
黄酒	240元/吨	—			
其他酒	—	10%			
合　计	—	—	—	—	

本期准予抵减税额：

本期减（免）税额：

期初未缴税额：

本期缴纳前期应纳税额：

本期预缴税额：

本期应补（退）税额：

期末未缴税额：

声明

此纳税申报表是根据国家税收法律的规定填报的，我确定它是真实的、可靠的、完整的。

经办人（签章）：
财务负责人（签章）：
联系电话：

（如果你已委托代理人申报，请填写）
授权声明

为代理一切税务事宜，现授权_____（地址）_____为本纳税人的代理申报人，任何与本申报表有关的往来文件，都可寄予此人。

授权人签章：

以下由税务机关填写

受理人（签字）：　　　　　受理日期：　　　年　　月　　日　　受理税务机关（公章）：

附表A-21

烟类应税消费品消费税纳税申报表

税款所属期： 年 月 日至 年 月 日

纳税人名称（公章）：

纳税人识别号：

填表日期： 年 月 日 单位：卷烟万支、雪茄烟支、烟丝千克；金额单位：元（列至角分）

项目 应税消费品名称	适用税率		销售数量	销售额	应纳税额
	定额税率	比例税率			
卷烟	30元/万支	56%			
卷烟	30元/万支	36%			
雪茄烟	—	36%			
烟丝	—	30%			
合　计	—	—	—		

本期准予扣除税额：	**声明** 　　此纳税申报表是根据国家税收法律的规定填报的，我确定它是真实的、可靠的、完整的。
本期减（免）税额：	
期初未缴税额：	经办人（签章）： 财务负责人（签章）： 联系电话：
本期缴纳前期应纳税额：	（如果你已委托代理人申报，请填写） **授权声明** 　　为代理一切税务事宜，现授权_____（地址）_____为本纳税人的代理申报人，任何与本申报表有关的往来文件，都可寄予此人。
本期预缴税额：	
本期应补（退）税额：	
期末未缴税额：	授权人签章：

以下由税务机关填写

受理人（签字）： 受理日期： 年 月 日 受理税务机关（公章）：

附表A-22

<h1 style="text-align:center">其他应税消费品消费税纳税申报表</h1>

税款所属期： 年 月 日至 年 月 日

纳税人名称（公章）：

纳税人识别号：☐☐☐☐☐☐☐☐☐☐☐☐☐☐☐

填表日期： 年 月 日　　　　　　　　　　金额单位：元（列至角分）

项目 应税消费品名称	适用税率	销售数量	销售额	应纳税额
合　计	—	—	—	

本期准予抵减税额：

声明

　　此纳税申报表是根据国家税收法律的规定填报的，我确定它是真实的、可靠的、完整的。

本期减（免）税额：

经办人（签章）：
财务负责人（签章）：
联系电话：

期初未缴税额：

本期缴纳前期应纳税额：

本期预缴税额：

（如果你已委托代理人申报，请填写）
授权声明
　　为代理一切税务事宜，现授权
＿＿＿＿＿（地址）＿＿＿＿＿为本纳税人的代理申报人，任何与本申报表有关的往来文件，都可寄予此人。
授权人签章：

本期应补（退）税额：

期末未缴税额：

以下由税务机关填写

受理人（签字）：　　　受理日期： 年 月 日　　　　受理税务机关（公章）：

附表A-23

生产企业出口货物免、抵、退税申报汇总表

（适用于增值税一般纳税人）

纳税人识别号：　　　　　　　　　　　纳税人名称（公章）

海关代码：　　　　　　　　　　　　　纳税人所属期：

申报日期：　　　　　　　　　　　　　　　　　单位金额：元（列至角分）

项　目	栏次	当期 （a）	本年累计 （b）	报表差额 （c）
免抵退出口货物销售额（美元）	1			
免抵退出口货物销售额	2=3+4			
其中：单证不齐销售额	3			
单证收齐销售额	4			
前期出口货物当期收齐单证销售额	5			
单证齐全出口货物销售额	6=4+5			
免税出口货物销售额（美元）	7			
免税出口货物销售额	8			
全部出口货物销售额（美元）	9=1+7			
全部出口货物销售额	10=2+8			
不予免抵退出口货物销售额	11			
出口货物销售额乘证税率之差	12			
上上期结转免抵退税不得免证和抵扣税额抵减额	13			
免抵退税不得免征和抵扣税额抵减额	14			
免抵退税不得免征和抵扣税额	15			
结转一期免抵退税不得免征和抵扣税额抵减额	16			
出口销售额乘退税率	17			
上期结转免抵退税额抵减额	18			
免抵退税额抵减额	19			
免抵退税额	20			
结转下期免抵退税额抵减额	21			
增值税纳税申报表期末留抵税额	22			
计算退税的期末留抵税额	23			
当期应退税额	24			
当期免抵税额	25=20−24			
当期单证收齐	26			
前期信息收齐	27			

出口企业本明： 　　此表各栏填报内容是真实、合法的，于实际出口货物情况相符。次次申请的出口业务不属于"四自不三见"等违背正常出口经营程序的出口业务。否则，本企业愿意承担由此产生的相关责任。 经办人： 财务负责人：　　　　　　（公章） 企业负责人： 　　　　　　年　　月　　日	经办人： 复核人： 负责人： 　　　　　　年　　月　　日

受理人：　　　　受理日期：　　　年　　月　　日　　　受理税务机关（签章）

附表A-24

出口货物备案单证目录

编号：

报批次：　　　　　　　　　　　　　出口退税申报日期：

序号	出口发票号	出口报关单号	业务员姓名	备案日期	备案单证存放处	货 数

企业制表人（签字）	财务负责人（签字）
办税员（签字）	填表日期： 企业公章

附表A-25

土地增值税纳税申报表（一）
（从事房地产开发的纳税人清算适用）

税款所属时间：　　年　　月　　日至　　年　　月　　日　　　　　填表日期：　　年　　月　　日

纳税人识别号：□□□□□□□□□□□□□□□　　金额单位：元至角分；面积单位：平方米

纳税人名称		项目名称		项目编号		项目地址	
所属行业		登记注册类型		纳税人地址		编　码	
开户银行		银行账号		主管部门		电　话	
总可售面积				自用和出租面积			
已售面积		其中：非普通住宅已售面积			其中：其他类型房地产已售面积		

项　目	行次	金　额			
		普通住宅	非普通住宅	其他类型房地产	合计
一、转让房地产收入总额　1＝2+3+4	1				
其中　货币收入	2				
实物收入及其他收入	3				
视同销售收入	4				

（续表）

二、扣除项目金额合计　　5＝6＋7＋14＋17＋21＋22		5				
1. 取得土地使用权所支付的金额		6				
2. 房地产开发成本　　7＝8＋9＋10＋11＋12＋13		7				
其中	土地征用及拆迁补偿费	8				
	前期工程费	9				
	建筑安装工程费	10				
	基础设施费	11				
	公共配套设施费	12				
	开发间接费用	13				
3. 房地产开发费用　　14＝15＋16		14				
其中	利息支出	15				
	其他房地产开发费用	16				
4. 与转让房地产有关的税金等　　17＝18＋19		17				
	城市维护建设税	18				
	教育费附加	19				
5. 财政部规定的其他扣除项目		20				
6. 代收费用		21				
三、增值额　　22＝1－5		22				
四、增值额与扣除项目金额之比（％）　　23＝22÷5		23				
五、适用税率（％）		24				
六、速算扣除系数（％）		25				
七、应缴土地增值税税额　　26＝22×24－5×25		26				
八、减免税额　　27＝29＋31＋33		27				
其中	减免税（1）	减免性质代码（1）	28			
		减免税额（1）	29			
	减免税（2）	减免性质代码（2）	30			
		减免税额（2）	31			
	减免税（3）	减免性质代码（3）	32			
		减免税额（3）	33			
九、已缴土地增值税税额		34				
十、应补（退）土地增值税税额　　35＝26－27－34		35				

以下由纳税人填写：

纳税人声明	此纳税申报表是根据《中华人民共和国土地增值税暂行条例》及其实施细则和国家有关税收规定填报的，是真实的、可靠的、完整的。		
纳税人签章		代理人签章	代理人身份证号

以下由税务机关填写：

受理人		受理日期	年　　月　　日	受理税务机关签章

本表一式两份，一份纳税人留存，一份税务机关留存。

附表A-26

土地增值税纳税申报表（三）

（非从事房地产开发的纳税人适用）

税款所属时间： 年 月 日至 年 月 日　　　　　填表日期： 年 月 日

纳税人识别号：☐☐☐☐☐☐☐☐☐☐☐☐☐☐☐　　金额单位：元至角分；面积单位：平方米

纳税人名称		项目名称		项目地址	
所属行业		登记注册类型		纳税人地址	邮政编码
开户银行		银行账号	主管部门	电 话	

项　　目			行次	金　　额
一、转让房地产收入总额　1=2+3+4			1	
其中	货币收入		2	
	实物收入		3	
	其他收入		4	
二、扣除项目金额合计 （1）5=6+7+10+15 （2）5=11+12+14+15			5	
（1）提供评估价格	1. 取得土地使用权所支付的金额		6	
	2. 旧房及建筑物的评估价格　7=8×9		7	
	其中	旧房及建筑物的重置成本价	8	
		成新度折扣率	9	
	3. 评估费用		10	
（2）提供购房发票	1. 购房发票金额		11	
	2. 发票加计扣除金额　12=11×5%×13		12	
	其中：房产实际持有年数		13	
	3. 购房契税		14	
4. 与转让房地产有关的税金等　15=16+17+18+19			15	
其中	营业税		16	
	城市维护建设税		17	
	印花税		18	
	教育费附加		19	
三、增值额　20=1-5			20	
四、增值额与扣除项目金额之比（%）　21=20÷5			21	
五、适用税率（%）			22	
六、速算扣除系数（%）			23	
七、应缴土地增值税税额　24=20×22-5×23			24	
八、减免税额（减免性质代码：_____）			25	
九、已缴土地增值税税额			26	
十、应补（退）土地增值税税额　27=24-25-26			27	

以下由纳税人填写：			
纳税人声明	此纳税申报表是根据《中华人民共和国土地增值税暂行条例》及其实施细则和国家有关税收规定填报的，是真实的、可靠的、完整的。		
纳税人签章		代理人签章	代理人身份证号
以下由税务机关填写：			
受理人		受理日期　年 月 日	受理税务机关签章

本表一式两份，一份纳税人留存，一份税务机关留存。

附表A-27

资源税纳税申报表

根据国家税收法律法规及资源税有关规定制定本表。纳税人不论有无销售额，均应按照税务机关核定的纳税期限填写本表，并向当地税务机关申报。

税款所属时间：自 ____ 年 ____ 月 ____ 日至 ____ 年 ____ 月 ____ 日　填表日期： ____ 年 ____ 月 ____ 日

纳税人识别号：☐☐☐☐☐☐☐☐☐☐☐☐☐☐☐☐☐☐　金额单位：元至角分

纳税人名称	（公章）	法定代表人姓名		注册地址			生产经营地址	
开户银行及账号				登记注册类型			电话号码	

税目	子目	折算率或换算比	计量单位	计税销售量	计税销售额	适用税率	本期应纳税额	本期减免税额	本期已缴税额	本期应补（退）税额
1	2	3	4	5	6	7	8①=6×7; 8②=5×7	9	10	11=8-9-10
合　计		—	—			—				

	如果你已委托代理人申报，请填写下列资料：			本纳税申报表是根据国家税收法律法规及相关规定填写的，我确定它是真实的、可靠的、完整的。
授权声明	为代理一切税务事宜，现授权_____（地址）_____为本纳税人的代理申报人，任何与本申报表有关的往来文件，都可寄予此人。 授权人签字：		申报人声明	 声明人签字：

主管税务机关：　　　　　接收人：　　　　接收日期： ____ 年 ____ 月 ____ 日

本表一式两份，一份纳税人留存，一份税务机关留存。

附表A-28

资源税纳税申报表附表（一）

（原矿类税目适用）

纳税人识别号：☐☐☐☐☐☐☐☐☐☐☐☐☐☐☐

纳税人名称：（公章）

税款所属时间：　　年　　月　　日至　　年　　月　　日

金额单位：元至角分

序号	税目	原矿销售额	精矿销售额	折算率	精矿折算为原矿的销售额	允许扣减的运杂费	允许扣减的外购矿购进金额	计税销售额	计量单位	原矿销售量	精矿销售量	平均选矿比	精矿换算为原矿的销售量	计税销售量
		1	2	3	4	5	6=4×5	7	8	9=3+6-7-8	10	11	12	13	14=12×13	15=11+14
1															
2															
3															
4															
5															
6															
7															
8															
合计															

附表A-29

资源税纳税申报表附表（二）

（精矿类税目适用）

纳税人识别号：□□□□□□□□□□□□□□□□□□□□

纳税人名称：（公章）

税款所属时间：　　年　　月　　日 至　　年　　月　　日

金额单位：元至角分

序号	税目	子目	原矿销售额	精矿销售额	换算比	原矿换算为精矿的销售额	允许扣减的运杂费	允许扣减的外购矿购进金额	计税销售额	计量单位	原矿销售量	精矿销售量	平均选矿比	原矿换算为精矿的销售量	计税销售量
	1	2	3	4	5	6=3×5	7	8	9=4+6-7-8	10	11	12	13	14=11÷13	15=12+14
1															
2															
3															
4															
5															
6															
7															
8															
合　计															

附表A-30

资源税纳税申报表附表（三）
（减免税明细）

纳税人识别号：□□□□□□□□□□□□□□□□□□□□

纳税人名称：（公章）

税款所属时间：自　　年　　月至　　年　　月　　日　　　　金额单位：元至角分

序号	税目	子目	减免项目名称	计量单位	减免税销售量	减免税销售额	适用税率	减免性质代码	减征比例	本期减免税额
	1	2	3	4	5	6	7	8	9	10①=6×7×9；10②=5×7×9
1										
2										
3										
4										
5										
6										
7										
8										
合　计			—	—			—	—	—	

附表A-31

城镇土地使用税纳税申报表

税款所属期：自　年　月　日至　年　月　日　　　　　　　　填表日期：　年　月　日

纳税人识别号：□□□□□□□□□□□□□□□□　金额单位：元至角分；面积单位：平方米

纳税人信息	名　称				纳税人分类		单位□　个人□			
	登记注册类型		*		所属行业		*			
	身份证件类型	身份证□　护照□　其他□__			身份证件号码					
	联系人				联系方式					
申报纳税信息	土地编号	宗地的地号	土地等级	税额标准	土地总面积	所属期起	所属期止	本期应纳税额	本期减免税额	本期已缴税额	本期应补（退）税额
	*										
	*										
	*										
	*										
	*										
	*										
	*										
	*										
	*										
	合　计		*		*	*					

以下由纳税人填写：

纳税人声明	此纳税申报表是根据《中华人民共和国城镇土地使用税暂行条例》和国家有关税收规定填报的，是真实的、可靠的、完整的。			
纳税人签章		代理人签章		代理人身份证号	

以下由税务机关填写：

受理人		受理日期	年　月　日	受理税务机关签章	

本表一式两份，一份纳税人留存，一份税务机关留存。

附录 A　税务登记、管理及各税种纳税申报表格

附表A-32

房产税纳税申报表

税款所属期：自　　年　　月　　日至　　年　　月　　日　　　　填表日期：　　年　　月　　日

纳税人识别号：☐☐☐☐☐☐☐☐☐☐☐☐☐☐☐☐☐☐　金额单位：元至角分；面积单位：平方米

纳税人信息	名称		纳税人分类	单位☐　　个人☐	
	登记注册类型	*	所属行业	*	
	身份证件类型	身份证☐　护照☐　其他☐	身份证件号码		
	联系人		联系方式		

一、从价计征房产税

	房产编号	房产原值	其中：出租房产原值	计税比例	税率	所属期起	所属期止	本期应纳税额	本期减免税额	本期已缴税额	本期应补（退）税额
1	*										
2	*										
3	*										
4	*										
5	*										
6	*										
7	*										
8	*										
9	*										
10	*										
合计	*	*	*	*	*	*	*				

二、从租计征房产税

	本期申报租金收入	税率	本期应纳税额	本期减免税额	本期已缴税额	本期应补（退）税额
1						
2						
3						
合计		*				

以下由纳税人填写：	
纳税人声明	此纳税申报表是根据《中华人民共和国房产税暂行条例》和国家有关税收规定填报的，是真实的、可靠的、完整的。

纳税人签章		代理人签章		代理人身份证号	
以下由税务机关填写：					
受理人		受理日期	年　月　日	受理税务机关签章	

本表一式两份，一份纳税人留存，一份税务机关留存。

附表A-33

车船税纳税申报表

税款所属期限：自　　年　　月　　日至　　　年　　月　　日　　　　填表日期：　　年　　月　　日

纳税人识别号：☐☐☐☐☐☐☐☐☐☐☐☐☐☐☐☐☐☐☐☐　　　　金额单位：元至角分

纳税人名称			纳税人身份证照类型		
纳税人身份证照号码			居住（单位）地址		
联系人			联系方式		

序号	（车辆）号牌号码/（船舶）登记号码	车船识别代码（车架号/船舶识别号）	征收品目	计税单位	计税单位的数量	单位税额	年应缴税额	本年减免税额	减免性质代码	减免税证明号	当年应缴税额	本年已缴税额	本期年应补（退）税额
	1	2	3	4	5	6	7=5×6	8	9	10	11=7-8	12	13=11-12
合计	—	—				—				—	—		

申报车辆总数（辆）		申报船舶总数（艘）	

以下由申报人填写：

纳税人声明	此纳税申报表是根据《中华人民共和国车船税法》和国家有关税收规定填报的，是真实的、可靠的、完整的。		
纳税人签章		代理人签章		代理人身份证号	

以下由税务机关填写：

受理人		受理日期		受理税务机关（签章）	

本表一式两份，一份纳税人留存，一份税务机关留存。

附表A-34

契税纳税申报表

填表日期：　　　　年　　月　　日

纳税人识别号：☐☐☐☐☐☐☐☐☐☐☐☐☐☐☐☐☐☐☐☐　金额单位：元至角分；面积单位：平方米

<table>
<tr><td rowspan="5">承受方信息</td><td>名　　称</td><td></td><td colspan="2">☐单位　☐个人</td></tr>
<tr><td>登记注册类型</td><td></td><td>所属行业</td><td></td></tr>
<tr><td>身份证件类型</td><td>身份证☐ 护照☐ 其他☐____</td><td>身份证件号码</td><td></td></tr>
<tr><td>联系人</td><td></td><td>联系方式</td><td></td></tr>
</table>

<table>
<tr><td rowspan="3">转让方信息</td><td>名　　称</td><td colspan="2"></td><td colspan="2">☐单位　☐个人</td></tr>
<tr><td>纳税人识别号</td><td></td><td>登记注册类型</td><td>所属行业</td><td></td></tr>
<tr><td>身份证件类型</td><td></td><td>身份证件号码</td><td>联系方式</td><td></td></tr>
</table>

<table>
<tr><td rowspan="3">土地房屋权属转移信息</td><td>合同签订日期</td><td></td><td>土地房屋坐落地址</td><td></td><td>权属转移对象</td><td></td></tr>
<tr><td>权属转移方式</td><td></td><td>用途</td><td></td><td>家庭唯一普通住房</td><td>☐90平米以上
☐90平米及以下</td></tr>
<tr><td>权属转移面积</td><td></td><td>成交价格</td><td></td><td>成交单价</td><td></td></tr>
</table>

<table>
<tr><td rowspan="2">税款征收信息</td><td>评估价格</td><td></td><td>计税价格</td><td></td><td>税率</td><td></td></tr>
<tr><td>计征税额</td><td></td><td>减免性质代码</td><td></td><td>减免税额</td><td>应纳税额</td></tr>
</table>

以下由纳税人填写：

<table>
<tr><td>纳税人声明</td><td colspan="3">　　此纳税申报表是根据《中华人民共和国契税暂行条例》和国家有关税收规定填报的，是真实的、可靠的、完整的。</td></tr>
<tr><td>纳税人签章</td><td></td><td>代理人签章</td><td>代理人身份证号</td></tr>
<tr><td colspan="4" align="center">以下由税务机关填写：</td></tr>
<tr><td>受理人</td><td></td><td>受理日期　　　年　　月　　日</td><td>受理税务机关签章</td></tr>
</table>

本表一式两份，一份纳税人留存，一份税务机关留存。

附表A-35

印花税纳税申报（报告）表

税款所属期限：自　　年　　月　　日至　　年　　月　　日　　填表日期：　　年　　月　　日

纳税人识别号：□□□□□□□□□□□□□□□□□□　　　金额单位：元至角分

纳税人信息	名　　称					□单位　□个人			
	登记注册类型				所属行业				
	身份证件类型				身份证件号码				
	联系方式								

应税凭证	计税金额或件数	核定征收		适用税率	本期应纳税额	本期已缴税额	本期减免税额		本期应补（退）税额
		核定依据	核定比例				减免性质代码	减免额	
	1	2	3	4	5=1×4+2×3×4	6	7	8	9=5-6-8
购销合同				0.3‰					
加工承揽合同				0.5‰					
建设工程勘察设计合同				0.5‰					
建筑安装工程承包合同				0.3‰					
财产租赁合同				1‰					
货物运输合同				0.5‰					
仓储保管合同				1‰					
借款合同				0.05‰					
财产保险合同				1‰					
技术合同				0.3‰					
产权转移书据				0.5‰					
营业账簿（记载资金的账簿）		—		0.5‰					
营业账簿（其他账簿）		—		5					
权利、许可证照		—		5					
合　计	—	—		—					

以下由纳税人填写：

| 纳税人声明 | 此纳税申报表是根据《中华人民共和国印花税暂行条例》和国家有关税收规定填报的，是真实的、可靠的、完整的。 | | |
| 纳税人签章 | | 代理人签章 | 代理人身份证号 |

以下由税务机关填写：

| 受理人 | | 受理日期 | 年　月　日 | 受理税务机关签章 | |

本表一式两份，一份纳税人留存，一份税务机关留存。

减免性质代码：减免性质代码按照税务机关最新制发的减免税政策代码表中的最细项减免性质代码填报。

附表A-36

城市维护建设税和教育附加纳税申报表

税款所属期限: 自　　年　　月　　日至　　年　　月　　日　　填表日期: 　　年　　月　　日

纳税人识别号: ☐☐☐☐☐☐☐☐☐☐☐☐☐☐☐☐☐☐☐☐☐　　金额单位: 元至角分

纳税人信息	名　称	会理东山燃气有限责任公司直销部				□单位　□个人				
	登记注册类型	有限责任公司分公司（自然人独资）		所属行业						
	身份证件号码			联系方式						

税（费）种	计税（费）依据					税率（征收率）	本期应纳税（费）额	本期减免税（费）额		本期已缴税（费）额	本期应补（退）税（费）额
	增值税		消费税	营业税	合　计			减免性质代码	减免额		
	一般增值税	免抵税额									
	1	2	3	4	5=1+2+3+4	6	7=5×6	8	9	10	11=7−9−10
城建税					0	5%	0				
教育费附加					0	3%	0				
地方教育附加					0	2%	0				
—											
合　计	—				—		0				

以下由纳税人填写:			
纳税人声明	此纳税申报表是根据《中华人民共和国城市维护建设税暂行条例》《国务院征收教育费附加的暂行规定》《财政部关于统一地方教育附加政策有关问题的通知》和国家有关税收规定填报的，是真实的、可靠的、完整的。		
纳税人签章		代理人签章	代理人身份证号
以下由税务机关填写:			
受理人		受理日期　年 月 日	受理税务机关签章

本表一式两份,一份纳税人留存,一份税务机关留存。

减免性质代码: 减免性质代码按照国家税务总局制定下发的最新《减免性质及分类表》中的最细项减免性质代码填报。

附表A-37

车辆购置税纳税申报表

填表日期：　　　年　月　日　　　　　　　　　　　　　　　金额单位：元

纳税人名称			证件名称		
			证件号码		
行业代码			注册类型代码		
联系电话			地　址		
车辆类别代码		生产企业名称			
合格证编号（或货物进口证明书号）			厂牌型号		
车辆识别代号（车架号）			发动机号		
座位		吨位		排量（cc）	
机动车销售统一发票	代码		机动车销售统一发票价格		价外费用合计
	号码				
其他有效凭证名称		其他有效凭证号码		其他有效凭证价格	
进口自用车辆纳税人填写右侧项目	海关进口关税专用缴款书（或进出口货物征免税证明）号码				
	关税完税价格		关税		消费税
购置日期			申报计税价格		

委托代办授权声明	申报人声明
为办理车辆购置税涉税事宜，现授权（　　　　）为代理申报人，提供的凭证、资料是真实、可靠、完整的。任何与本申报表有关的往来文件，都可交予此人。　　授权人（签名或盖章）：	此纳税申报表是根据《中华人民共和国车辆购置税暂行条例》《车辆购置税征收管理办法》的规定填报的，提供的凭证、资料是真实、可靠、完整的。　　声明人（签名或盖章）：

如属委托代办的，应填写以下内容	代理人（签名或盖章）
代理人名称	
经办人姓名	
经办人证件名称	
经办人证件号码	

核定计税价格	税率	应纳税额	免（减）税额	实纳税额	滞纳金金额
	10%				

接收人：

　　　　接收日期：　　　年　月　日　　　　　　　主管税务机关（章）：

备注：
车辆类别代码为：1.汽车；2.摩托车；3.电车；4.挂车；5.农用运输车。

附表A-38

烟叶税纳税申报表

税款所属期限：自　　年　　月　　日至　　年　　月　　日　　　　填表日期：　　年　　月　　日

纳税人识别号：□□□□□□□□□□□□□□□□□□□　　　　　　金额单位：元至角分

纳税人名称				
烟叶收购金额	税率	应纳税额	已纳税额	应入库税额
1	2	3=1×2	4	5=3-4
合　计				

以下由申报人填写：

纳税人声明	此纳税申报表是根据《中华人民共和国烟叶税暂行条例》和国家有关税收规定填报的，是真实的、可靠的、完整的。		
纳税人签章		代理人签章	代理人身份证号

以下由税务机关填写：

受理人		受理日期	受理税务机关（签章）

本表一式两份，一份纳税人留存，一份税务机关留存。

附表 A-39

中华人民共和国企业所得税月（季）度预缴纳税申报表（A类，2015版）

税款所属期间：　　　年　　月　　日至　　　年　　月　　日

纳税人识别号：□□□□□□□□□□□□□□□□□□□□

纳税人名称：　　　　　　　　　　　　　　　　　　金额单位：人民币元（列至角分）

行次	项　目	本期金额	累计金额
1	一、按照实际利润额预缴		
2	营业收入		
3	营业成本		
4	利润总额		
5	加：特定业务计算的应纳税所得额		
6	减：不征税收入和税基减免应纳税所得额（请填附表1）		
7	固定资产加速折旧（扣除）调减额（请填附表2）		
8	弥补以前年度亏损		
9	实际利润额（4行+5行-6行-7行-8行）		
10	税率（25%）		
11	应纳所得税额（9行×10行）		
12	减：减免所得税额（请填附表3）		
13	实际已预缴所得税额	——	
14	特定业务预缴（征）所得税额		
15	应补（退）所得税额（11行-12行-13行-14行）	——	
16	减：以前年度多缴在本期抵缴所得税额	——	
17	本月（季）实际应补（退）所得税额	——	
18	二、按照上一纳税年度应纳税所得额平均额预缴		
19	上一纳税年度应纳税所得额	——	
20	本月（季）应纳税所得额（19行×1/4或1/12）		
21	税率（25%）		
22	本月（季）应纳所得税额（20行×21行）		
23	减：减免所得税额（请填附表3）		
24	本月（季）实际应纳所得税额（22行-23行）		
25	三、按照税务机关确定的其他方法预缴		
26	本月（季）税务机关确定的预缴所得税额		
27	总分机构纳税人		
28	总机构　总机构分摊所得税额（15行或24行或26行×总机构分摊预缴比例）		
29	总机构　财政集中分配所得税额		
30	分支机构分摊所得税额（15行或24行或26行×分支机构分摊比例）		
31	其中：总机构独立生产经营部门应分摊所得税额		
32	分支　分配比例		
33	机构　分配所得税额		

是否属于小型微利企业：　　　　是□　　　　　　　　否□

谨声明：此纳税申报表是根据《中华人民共和国企业所得税法》、《中华人民共和国企业所得税法实施条例》和国家有关税收规定填报的，是真实的、可靠的、完整的。

法定代表人（签字）：　　　　年　　月　　日

纳税人公章： 会计主管： 经办人：	代理申报中介机构公章： 经办人执业证件号码： 填表日期：　年　月　日 代理申报日期：　年　月　日	主管税务机关受理专用章： 受理人： 受理日期：　年　月　日

附表A-40

中华人民共和国企业所得税月（季）度预缴和年度纳税申报表（B类，2015年版）

税款所属期间：　　　年　月　日至　　　年　月　日

纳税人识别号：□□□□□□□□□□□□□□□□□□□□

纳税人名称：　　　　　　　　　　　　　　　金额单位：人民币元（列至角分）

项　　　目			行次	累计金额
一、以下由按应税所得率计算应纳所得税额的企业填报				
应纳税所得额的计算	按收入总额核定应纳税所得额	收入总额	1	
		减：不征税收入	2	
		免税收入	3	
		其中：国债利息收入	4	
		地方政府债券利息收入	5	
		符合条件居民企业之间股息红利等权益性收益	6	
		符合条件的非营利组织收入	7	
		其他免税收入	8	
		应税收入额（1行-2行-3行）	9	
		税务机关核定的应税所得率（%）	10	
		应纳税所得额（9行×10行）	11	
	按成本费用核定应纳税所得额	成本费用总额	12	
		税务机关核定的应税所得率（%）	13	
		应纳税所得额[12行÷（100%-13行）×13行]	14	
应纳所得税额的计算		税率（25%）	15	
		应纳所得税额（11行×15行或14行×15行）	16	
应补（退）所得税额的计算		减：符合条件的小型微利企业减免所得税额	17	
		其中：减半征税	18	
		已预缴所得税额	19	
		应补（退）所得税额（16行-17行-19行）	20	
二、以下由税务机关核定应纳所得税额的企业填报				
税务机关核定应纳所得税额			21	
预缴申报时填报	是否属于小型微利企业：是□　　否□			
年度申报时填报	所属行业		从业人数	
	资产总额		国家限制和禁止行业：是□　　否□	

谨声明：此纳税申报表是根据《中华人民共和国企业所得税法》、《中华人民共和国企业所得税法实施条例》和国家有关税收规定填报的，是真实的、可靠的、完整的。

法定代表人（签字）：　　　　年　月　日

纳税人公章： 会计主管： 填表日期：　年 月 日	代理申报中介机构公章： 经办人： 经办人执业证件号码： 代理申报日期：　年 月 日	主管税务机关受理专用章： 受理人： 受理日期：年 月 日

国家税务总局监制

附表A-41

中华人民共和国企业所得税年度纳税申报表（A类，2017年版）

税款所属期间： 年 月 日至 年 月 日

纳税人统一社会信用代码： □□□□□□□□□□□□□□□□□□

（纳税人识别号）

纳税人名称： 金额单位：人民币元（列至角分）

谨声明：此纳税申报表是根据《中华人民共和国企业所得税法》《中华人民共和国企业所得税法实施条例》以及有关税收政策和国家统一会计制度的规定填报的，是真实的、可靠的、完整的。

法定代表人（签章）： 年 月 日

纳税人公章： 会计主管： 填表日期： 年 月 日	代理申报中介机构公章： 经办人： 经办人执业证件号码： 代理申报日期： 年 月 日	主管税务机关受理专用章： 受理人： 受理日期： 年 月 日

国家税务总局监制

行次	类别	项　目	金　额
1	利润总额计算	一、营业收入（填写A101010\101020\103000）	60 000 000
2		减：营业成本（填写A102010\102020\103000）	22 000 000
3		减：税金及附加	17 194 600
4		减：销售费用（填写A104000）	8 000 000
5		减：管理费用（填写A104000）	7 778 600
6		减：财务费用（填写A104000）	2 000 000
7		减：资产减值损失	
8		加：公允价值变动收益	
9		加：投资收益	1 500 000
10		二、营业利润（1-2-3-4-5-6-7+8+9）	4 526 800
11		加：营业外收入（填写A101010\101020\103000）	300 000
12		减：营业外支出（填写A102010\102020\103000）	450 000
13		三、利润总额（10+11-12）	4 376 800

（续表）

14	应纳税所得额计算	减：境外所得（填写A108010）	
15		加：纳税调整增加额（填写A105000）	700 000
16		减：纳税调整减少额（填写A105000）	100 000
17		减：免税、减计收入及加计扣除（填写A107010）	1 800 000
18		加：境外应税所得抵减境内亏损（填写A108000）	
19		四、纳税调整后所得（13−14+15−16−17+18）	3 176 800
20		减：所得减免（填写A107020）	
21		减：弥补以前年度亏损（填写A106000）	
22		减：抵扣应纳税所得额（填写A107030）	
23		五、应纳税所得额（19−20−21−22）	3 176 800
24	应纳税额计算	税率（25%）	25%
25		六、应纳所得税额（23×24）	794 200
26		减：减免所得税额（填写A107040）	
27		减：抵免所得税额（填写A107050）	
28		七、应纳税额（25−26−27）	794 200
29		加：境外所得应纳所得税额（填写A108000）	375 000
30		减：境外所得抵免所得税额（填写A108000）	350 000
31		八、实际应纳所得税额（28+29−30）	819 200
32		减：本年累计实际已缴纳的所得税额	500 000
33		九、本年应补（退）所得税额（31−32）	319 200
34		其中：总机构分摊本年应补（退）所得税额（填写A109000）	
35		财政集中分配本年应补（退）所得税额（填写A109000）	
36		总机构主体生产经营部门分摊本年应补（退）所得税额（填写A109000）	

附表A-42

中华人民共和国企业所得税年度纳税申报表（A类，2017年版）

税款所属期间：　　　年　月　日至　　　年　月　日

纳税人统一社会信用代码：☐☐☐☐☐☐☐☐☐☐☐☐☐☐☐☐☐☐

（纳税人识别号）

纳税人名称：　　　　　　　　　　　　　　金额单位：人民币元（列至角分）

谨声明：此纳税申报表是根据《中华人民共和国企业所得税法》《中华人民共和国企业所得税法实施条例》以及有关税收政策和国家统一会计制度的规定填报的，是真实的、可靠的、完整的。

法定代表人（签章）：　　　年　月　日

纳税人公章：	代理申报中介机构公章：	主管税务机关受理专用章：
会计主管：	经办人： 经办人执业证件号码：	受理人：
填表日期：　年　月　日	代理申报日期：　年　月　日	受理日期：　年　月　日

国家税务总局监制

行次	类别	项　目	金　额
1		一、营业收入（填写A101010\101020\103000）	60 000 000
2		减：营业成本（填写A102010\102020\103000）	22 000 000
3		减：税金及附加	17 194 600
4		减：销售费用（填写A104000）	8 000 000
5		减：管理费用（填写A104000）	7 778 600
6	利润总额计算	减：财务费用（填写A104000）	2 000 000
7		减：资产减值损失	
8		加：公允价值变动收益	
9		加：投资收益	1 500 000
10		二、营业利润（1-2-3-4-5-6-7+8+9）	4 526 800
11		加：营业外收入（填写A101010\101020\103000）	300 000
12		减：营业外支出（填写A102010\102020\103000）	450 000
13		三、利润总额（10+11-12）	4 376 800

（续表）

14	应纳税所得额计算	减：境外所得（填写A108010）	
15		加：纳税调整增加额（填写A105000）	700 000
16		减：纳税调整减少额（填写A105000）	100 000
17		减：免税、减计收入及加计扣除（填写A107010）	1 800 000
18		加：境外应税所得抵减境内亏损（填写A108000）	
19		四、纳税调整后所得（13-14+15-16-17+18）	3 176 800
20		减：所得减免（填写A107020）	
21		减：弥补以前年度亏损（填写A106000）	
22		减：抵扣应纳税所得额（填写A107030）	
23		五、应纳税所得额（19-20-21-22）	3 176 800
24	应纳税额计算	税率（25%）	25%
25		六、应纳所得税额（23×24）	794 200
26		减：减免所得税额（填写A107040）	
27		减：抵免所得税额（填写A107050）	
28		七、应纳税额（25-26-27）	794 200
29		加：境外所得应纳所得税额（填写A108000）	375 000
30		减：境外所得抵免所得税额（填写A108000）	350 000
31		八、实际应纳所得税额（28+29-30）	819 200
32		减：本年累计实际已缴纳的所得税额	500 000
33		九、本年应补（退）所得税额（31-32）	319 200
34		其中：总机构分摊本年应补（退）所得税额（填写A109000）	
35		财政集中分配本年应补（退）所得税额（填写A109000）	
36		总机构主体生产经营部门分摊本年应补（退）所得税额（填写A109000）	

附表A-43

中华人民共和国企业所得税年度纳税申报表（A类）附表一
一般企业收入明细表

行次	项　目	金　额
1	一、营业收入（2+9）	
2	（一）主营业务收入（3+5+6+7+8）	
3	1. 销售商品收入	
4	其中：非货币性资产交换收入	
5	2. 提供劳务收入	
6	3. 建造合同收入	
7	4. 让渡资产使用权收入	
8	5.其他	
9	（二）其他业务收入（10+12+13+14+15）	
10	1. 销售材料收入	
11	其中：非货币性资产交换收入	
12	2. 出租固定资产收入	
13	3. 出租无形资产收入	
14	4. 出租包装物和商品收入	
15	5. 其他	
16	二、营业外收入（17+18+19+20+21+22+23+24+25+26）	
17	（一）非流动资产处置利得	
18	（二）非货币性资产交换利得	
19	（三）债务重组利得	
20	（四）政府补助利得	
21	（五）盘盈利得	
22	（六）捐赠利得	
23	（七）罚没利得	
24	（八）确实无法偿付的应付款项	
25	（九）汇兑收益	
26	（十）其他	

表A-44

中华人民共和国企业所得税年度纳税申报表（A 类）附表二
一般企业成本支出明细表

行次	项　目	金　额
1	一、营业成本（2+9）	
2	（一）主营业务成本（3+5+6+7+8）	
3	1. 销售商品成本	
4	其中：非货币性资产交换成本	
5	2. 提供劳务成本	
6	3. 建造合同成本	
7	4. 让渡资产使用权成本	
8	5. 其他	
9	（二）其他业务成本（10+12+13+14+15）	
10	1. 材料销售成本	
11	其中：非货币性资产交换成本	
12	2. 出租固定资产成本	
13	3. 出租无形资产成本	
14	4. 包装物出租成本	
15	5. 其他	
16	二、营业外支出（17+18+19+20+21+22+23+24+25+26）	
17	（一）非流动资产处置损失	
18	（二）非货币性资产交换损失	
19	（三）债务重组损失	
20	（四）非常损失	
21	（五）捐赠支出	
22	（六）赞助支出	
23	（七）罚没支出	
24	（八）坏账损失	
25	（九）无法收回的债券股权投资损失	
26	（十）其他	

附表A-45

中华人民共和国企业所得税年度纳税申报表（A类）附表三

纳税调整项目明细表

行次	项　目	账载金额	税收金额	调增金额	调减金额
		1	2	3	4
1	一、收入类调整项目（2+3+4+5+6+7+8+10+11）	*	*		
2	（一）视同销售收入（填写A105010）	*			*
3	（二）未按权责发生制原则确认的收入（填写A105020）				
4	（三）投资收益（填写A105030）				
5	（四）按权益法核算长期股权投资对初始投资成本调整确认收益	*	*	*	
6	（五）交易性金融资产初始投资调整	*	*		*
7	（六）公允价值变动净损益		*		
8	（七）不征税收入	*	*		
9	其中：专项用途财政性资金（填写A105040）	*	*		
10	（八）销售折扣、折让和退回				
11	（九）其他				
12	二、扣除类调整项目 （13+14+15+16+17+18+19+20+21+22+23+24+26+27+28+29）	*	*		
13	（一）视同销售成本（填写A105010）	*		*	
14	（二）职工薪酬（填写A105050）				
15	（三）业务招待费支出				*
16	（四）广告费和业务宣传费支出（填写A105060）	*	*		
17	（五）捐赠支出（填写A105070）				*
18	（六）利息支出				
19	（七）罚金、罚款和被没收财物的损失		*		*
20	（八）税收滞纳金、加收利息		*		*
21	（九）赞助支出		*		*
22	（十）与未实现融资收益相关在当期确认的财务费用				
23	（十一）佣金和手续费支出				*
24	（十二）不征税收入用于支出所形成的费用	*	*		
25	其中：专项用途财政性资金用于支出所形成的费用（填写A105040）	*	*		*
26	（十三）跨期扣除项目				
27	（十四）与取得收入无关的支出		*		*
28	（十五）境外所得分摊的共同支出	*	*		*
29	（十六）其他				
30	三、资产类调整项目（31+32+33+34）	*	*		
31	（一）资产折旧、摊销（填写A105080）				
32	（二）资产减值准备金				
33	（三）资产损失（填写A105090）				
34	（四）其他				
35	四、特殊事项调整项目（36+37+38+39+40）	*	*		
36	（一）企业重组（填写A105100）				
37	（二）政策性搬迁（填写A105110）	*	*		
38	（三）特殊行业准备金（填写A105120）				
39	（四）房地产开发企业特定业务计算的纳税调整额（填写A105010）	*			
40	（五）其他				
41	五、特别纳税调整应税所得	*	*		
42	六、其他	*	*		
43	合计（1+12+30+35+41+42）	*	*		

附表A—46

扣缴个人所得税报告表

扣缴义务人名称：

扣缴义务人编码：□□□□□□□□□□□□□□□

税款所属期：　　年　　月　　日至　　年　　月　　日

扣缴义务人所属行业：□一般行业 □特定行业月份申报（列至角分）

金额单位：人民币元

序号	姓名	身份证件类型	身份证件号码	所得项目	所得期间	收入额	免税所得额	税前扣除项目						合计	减除费用	准予扣除的捐赠额	应纳税所得额	税率(%)	速算扣除数	应纳税额	减免税额	应扣缴税额	已扣缴税额	应补(退)税额	备注
								基本养老保险费	基本医疗保险费	失业保险费	住房公积金	财产原值	允许扣除的税费	其他											
1																									
2																									
3																									
4																									
5																									
6																									
7																									
8																									
9																									
合　计																									

谨声明：此扣缴报告表是根据《中华人民共和国个人所得税法》及其实施条例和国家有关税收法律法规规定填写的，是真实的、完整的、可靠的。

扣缴义务人公章：

法定代表人（负责人）签字：

扣缴义务人 经办人：	代理机构（人）签章： 经办人： 经办人执业证件号码：	主管税务机关受理专用章： 受理人：
填表日期：　年　月　日	代理申报日期：　年　月　日	受理日期：　年　月　日

国家税务总局监制

附表A-47

个人所得税纳税申报表

（适用于年所得12万元以上的纳税人申报）

所得年份：　　　　年　　　月　　　日　　　　　　金额单位：人民币元（列至角分）

填表日期：　　　　年　　　月　　　日

纳税人姓名		国籍（地区）		身份证照类型		身份证照号码	
任职、受雇单位		任职受雇单位税务代码		任职受雇单位所属行业		职务	职业
在华天数		境内有效联系地址			境内有效联系地址邮编		联系电话
此行由取得经营所得的纳税人填写	经营单位纳税人识别号				经营单位纳税人名称		

所得项目	年所得额			应纳税所得额	应纳税额	已缴税额	抵扣税额	减免税额	应补税额	应退税额	备注
	境内	境外	合计								
1. 工资、薪金所得											
2. 个体工商户的生产、经营所得											
3. 对企事业单位的承包经营、承租经营所得											
4. 劳务报酬所得											
5. 稿酬所得											
6. 特许权使用费所得											
7. 利息、股息、红利所得											
8. 财产租赁所得											
9. 财产转让所得											
其中：股票转让所得					—	—	—	—	—	—	
个人房屋转让所得											
10. 偶然所得											
11. 其他所得											
合　计					—	—	—	—	—	—	

我声明，此纳税申报表是根据《中华人民共和国个人所得税法》及有关法律、法规的规定填报的，我保证它是真实的、可靠的、完整的。

纳税人（签字）：　　　　　　　　　　　　联系电话：

代理人（签字）：　　　　　　　　　　　　税务机关受理时间：　　　　年　　　月　　　日

税务机关受理人（签章）：　　　　　　　　受理申报税务机关名称（盖章）：

附表A-48

个人所得税生产经营所得纳税申报表（A表）

税款所属期：　年　月　日至　年　月　日　　　　　　　金额单位：人民币元（列至角分）

投资者信息	姓　　名		身份证件类型		身份证件号码	
	国籍（地区）				纳税人识别号	
被投资单位信息	名　　称				纳税人识别号	
	类　　型	□个体工商户 □承包、承租经营单位 □个人独资企业 □合伙企业				
	征收方式	□查账征收（据实预缴） □查账征收（按上年应纳税所得额预缴） □核定应税所得率征收　□核定应纳税所得额征收 □税务机关认可的其他方式 _____				

行次	项　　目	金　额
1	一、收入总额	
2	二、成本费用	
3	三、利润总额	
4	四、弥补以前年度亏损	
5	五、合伙企业合伙人分配比例（%）	
6	六、投资者减除费用	
7	七、应税所得率（%）	
8	八、应纳税所得额	
9	九、税率（%）	
10	十、速算扣除数	
11	十一、应纳税额（8×9-10）	
12	十二、减免税额（附报《个人所得税减免税事项报告表》）	
13	十三、已预缴税额	
14	十四、应补（退）税额（11-12-13）	

　　谨声明：此表是根据《中华人民共和国个人所得税法》及有关法律法规规定填写的，是真实的、完整的、可靠的。

　　　　　　　　　　　　　　　　　　　　　　　　纳税人签字：　　　年　月　日

感谢您对税收工作的支持！

代理申报机构（负责人）签章： 经办人： 经办人执业证件号码： 代理申报日期：　年　月　日	主管税务机关印章： 受理人： 受理日期：　年　月　日

国家税务总局监制

附录B 纳税业务实训相关原始资料

附图B-1

营 业 执 照

统一社会信用代码 91130603MA05J58772

名　　　称	河北省保定应天时科技有限责任公司
类　　　型	有限责任公司
住　　　所	河北省保定市开元大街东俪湾小区 5-5-1021
法定代表人	高雅帼
注 册 资 本	200 万元
成 立 日 期	2017 年 05 月 01 日
营 业 期 限	2017 年 05 月 01 日至 2037 年 04 月 30 日
经 营 范 围	计算机及网络技术开发、服务、转让；计算机软硬件及辅助设备、通信设备及配件、电子产品、电子元件批发与零售；商务信息咨询。

登 记 机 关

2017 年 05 月 01 日

提示：每年 1 月 1 日至 6 月 30 日通过企业信用信息公示系统报送上一年度年度报告并公示

企业信用信息公示系统网址：http://he.gsxt.gov.cn　　中华人民共和国国家工商行政管理总局监制

项目三任务一情境一原始凭证

业务（1）原始凭证于 2017 年 8 月 2 日取得，共 4 张。

附图B-2

3200032441	江苏增值税专用发票 	No 23776761
		3200032441
		23776761
		开票日期：2017年08月02日

购买方	名　　　称：淮安汉森有限公司 纳税人识别号：91320400321544778P 地　址、电话：淮安市友谊路32号85200880 开户行及账号：建行淮安支行2386106654	密码区	111766<98/198533204+< 63<+64<->876*99</2165 />+216>2>7/3-+47561<> +782-/5432<4*-62>>>-8
货物或应税劳务、服务名称	规格型号	单位	数量	单价	金额	税率	税额
设备X		台	1	60000.00	60000.00	17%	10200.00
合　计					￥60000.00		￥10200.00
价税合计（大写）	⊗柒万零贰佰元整				（小写）￥70200.00		
销售方	名　　　称：常州精密设备有限公司 纳税人识别号：91320400126533351X 地　址、电话：金晶路123号83423933 开户行及账号：工行和平路支行97227222211	备注					

收款人：　　　复核：　　　开票人：强亦平　　　销售方（章）：

第二联　抵扣联　购买方扣税凭证

附图B-3

3200032441	江苏增值税专用发票 	No 23776761
		3200032441
		23776761
		开票日期：2017年08月02日

购买方	名　　　称：淮安汉森有限公司 纳税人识别号：91320400321544778P 地　址、电话：淮安市友谊路32号85200880 开户行及账号：建行淮安区支行2386106654	密码区	111766<98/198533204+< 63<+64<->876*99</2165 />+216>2>7/3-+47561<> +782-/5432<4*-62>>>-8
货物或应税劳务、服务名称	规格型号	单位	数量	单价	金额	税率	税额
设备X		台	1	60000.00	60000.00	17%	10200.00
合　计					￥60000.00		￥10200.00
价税合计（大写）	⊗柒万零贰佰元整				（小写）￥70200.00		
销售方	名　　　称：常州精密设备有限公司 纳税人识别号：91320400126533351X 地　址、电话：金晶路123号83423933 开户行及账号：工行和平路支行97227222211	备注					

收款人：　　　复核：　　　开票人：强亦平　　　销售方（章）：

第三联　发票联　购买方记账凭证

附图B-4

中国建设银行 电汇凭证

币别：人民币　　　　　　2017年08月02日　　　　　流水号：08656451

汇款方式	√普通 □加急				
汇款人	全　称	淮安汉森有限公司	收款人	全　称	常州精密设备有限公司
	账　号	2386106654		账　号	97227222211
	汇出地点	江苏省　淮安市/县		汇入地点	江苏省 常州 市/县
汇出行名称		建行淮安区支行	汇入行名称		工行和平路支行

金额	人民币 （大写）	柒万零贰佰元整	亿	千	百	十	万	千	百	十	角	分
						¥	7	0	2	0	0	0

支付密码

中国建设银行股份公司
淮安区支行
2017.08.02
办讫章

附加信息及用途：

客户签章

附图B-5

新增固定资产登记表

2017年8月3日

固定资产名称	种类	单位	数量	购入日期	投入使用日期	使用部门
设备X	机器设备	台	1	2017年8月2日	2017年8月3日	基本生产车间

制表人：王春　　　　　　　　　　　复核人：田欣宜

　　业务（2）原始凭证于2017年8月2日取得，共3张。

附图B-6

中国建设银行
转账支票存根

23096654
23470002

附加信息

出票日期2017年8月2日

收款人：	江苏天衡会计师事务所有限公司
金　额：	¥2120.00
用　途：	验资费
备　用：	（2386106654）

单位主管　　　　会计

附图B-7

3200043255　　江苏增值税专用发票　　No 23008543

3200043255

23008543

开票日期：2017年08月02日

购买方	名　　　　称：淮安汉森有限公司 纳税人识别号：91320400321544778P 地址、电话：淮安市友谊路32号85200880 开户行及账号：建行淮安区支行 2386106654					密码区	101766<98/198533204+< 63<+64<->876*98</8765 />+216>2>7/3-+22561<> +782-/5432<4*-16>>>-8		
货物或应税劳务、服务名称	规格型号	单位	数量	单价	金额	税率	税额
验资费		项	1	2000.00	2000.00	6%	120.00
合　计					¥2000.00		¥120.00
价税合计（大写）	⊗贰仟壹佰贰拾元整				（小写）¥2120.00		
销售方	名　　　　称：江苏天衡会计师事务所有限公司 纳税人识别号：91320230911733256X 地址、电话：建设路23号34333866 开户行及账号：建行淮安支行320998877235					备注			

收款人：　　　　复核：　　　　开票人：蒋芳　　　　销售方（章）：

第二联　抵扣联　购买方扣税凭证

附图B-8

3200043255　　江苏增值税专用发票　　No 23008543

3200043255

23008543

开票日期：2017年08月02日

购买方	名　　　　称：淮安汉森有限公司 纳税人识别号：91320400321544778P 地址、电话：淮安市友谊路32号85200880 开户行及账号：建行淮安区支行 2386106654					密码区	101766<98/198533204+< 63<+64<->876*98</8765 />+216>2>7/3-+22561<> +782-/5432<4*-16>>>-8		
货物或应税劳务、服务名称	规格型号	单位	数量	单价	金额	税率	税额
验资费		项	1	2 000.00	2000.00	6%	120.00
合　计					¥2000.00		¥120.00
价税合计（大写）	⊗贰仟壹佰贰拾元整				（小写）¥2120.00		
销售方	名　　　　称：江苏天衡会计师事务所有限公司 纳税人识别号：91320230911733256X 地址、电话：建设路23号34333866 开户行及账号：建行淮安支行320998877235					备注			

收款人：　　　　复核：　　　　开票人：蒋芳　　　　销售方（章）：

第三联　发票联　购买方记账凭证

业务（3）原始凭证于2017年8月5日取得，共3张。

附图B-9

3200021981　　　　江苏增值税专用发票　　No 21309722

3200021981
21309722

开票日期：2017年08月05日

购买方	名　　称：淮安汉森有限公司 纳税人识别号：91320400321544778P 地址、电话：淮安市友谊路32号85200880 开户行及账号：建行淮安区支行2386106654				密码区	750066<98/198533204+< 63<+64<->876*98</8765 />+216>2>612-+47561<> +782-/5432<4*-62>>>01		
货物或应税劳务、服务名称	规格型号	单位	数量	单价	金额	税率	税额
QE2211		千克	2000	12.00	24000.00	17%	4080.00
合　　计					￥24000.00		￥4080.00
价税合计（大写）		⊗贰万捌仟零捌拾元整			（小写）￥28080.00		
销售方	名　　称：南通振兴有限公司 纳税人识别号：91320600736533144Y 地址、电话：河浜路76号85776632 开户行及账号：中行南通如东支行097676165115				备注	QE2211购企业原材料 91320600736533144Y 发票专用章 （1）		

收款人：　　　　复核：　　　　开票人：王可　　　　销售方（章）：

第二联　抵扣联　购买方扣税凭证

附图B-10

3200021981　　　　江苏增值税专用发票　　No 21309722

3200021981
21309722

开票日期：2017年08月05日

购买方	名　　称：淮安汉森有限公司 纳税人识别号：91320400321544778P 地址、电话：淮安市友谊路32号85200880 开户行及账号：建行淮安区支行2386106654				密码区	750066<98/198533204+< 63<+64<->876*98</8765 />+216>2>612-+47561<> +782-/5432<4*-62>>>01		
货物或应税劳务、服务名称	规格型号	单位	数量	单价	金额	税率	税额
QE2211		千克	2000	12.00	24000.00	17%	4080.00
合　　计					￥24000.00		￥4080.00
价税合计（大写）		⊗贰万捌仟零捌拾元整			（小写）￥28080.00		
销售方	名　　称：南通振兴有限公司 纳税人识别号：91320600736533144Y 地址、电话：河浜路76号85776632 开户行及账号：中行南通如东支行09767616511				备注	QE2211购企业原材料 91320600736533144Y 发票专用章 （1）		

收款人：　　　　复核：　　　　开票人：王可　　　　销售方（章）：

第三联　发票联　购买方记账凭证

附图B-11

银行承兑汇票

HB
01

出票日期（大写）贰零壹柒年捌月零肆日

出票人全称	淮安汉森有限公司	收款人	全　称	建行淮安区支行
出票人账号	2386106654		账　号	09767616511
付款行全称	建行淮安区支行		开户银行	中行南通如东支行

出票金额	人民币（大写） 贰万捌仟零捌拾元整	亿	千	百	十	万	千	百	十	元	角	分
					¥	2	8	0	8	0	0	0

汇票到期日（大写）	贰零壹捌年零壹月壹拾伍日	付款行	行　号	1023854422
承兑协议编号	984433		地　址	淮安市友谊路87号

本汇票请你行承兑，到期无条件付款。 淮安汉森有限公司 财务专用章 陈庆耀印 出票人签章	本汇票已经承兑，到期日由本行付款。 中国建设银行股份有限公司 1023854422 汇票专用章 承兑行签章 承兑日期 2017年8月04日 备注：	54669 王天成 复核　　记账

业务（4）原始凭证于2017年8月6日取得，共1张。

附图B-12

收 料 单

2017年8月6日

供应单位：南通振兴有限公司　　　　编号：201720004

材料编号	名称	单位	规格	数量		实际成本			
				应收	实收	单价	发票价格	运杂费	合计
0101001	QE2211	千克		2000	1900				

备注：

经查系供应单位少发，下批货补发

收料人：王万群　　　　交料人：秦火

业务（5）原始凭证于2017年8月14日取得，共2张。

附图B-13

3200098367　　江苏增值税专用发票　　No 32170980

3200098367

32170980

开票日期：2017年08月14日

购买方	名　　称：淮安汉森有限公司 纳税人识别号：91320400321544778P 地址、电话：淮安市友谊路32号85200880 开户行及账号：建行淮安区支行 2386106654		密码区	241733<98/198533204+< 63<+64<->876*98</8765 />+216>2>7/3-+47561<> +712-/5432<4*-62>>>-8		
货物或应税劳务、服务名称	规格型号	单位项	数量	单价	金额	税率	税额

税控设备技术维护费　　　　　　　项　1　377.36　377.36　6%　22.64

合　计　　　　　　　¥377.36　　¥22.64

价税合计（大写）　⊗肆佰元整　　（小写）¥400.00

销售方	名　　称：淮安航天信息有限公司 纳税人识别号：91320100011114213X 地址、电话：古今大道12号7403211 开户行及账号：招行淮安支行27651098161	备注	淮安航天信息有限公司 913201000111142131X 发票专用章

收款人：　　复核：　　开票人：赵爱民　　销售方（章）：

第二联 抵扣联 购买方扣税凭证

附图B-14

3200098367　　江苏增值税专用发票　　No 32170980

3200098367

32170980

开票日期：2017年08月14日

购买方	名　　称：淮安汉森有限公司 纳税人识别号：91320400321544778P 地址、电话：淮安市友谊路32号85200880 开户行及账号：建行淮安区支行 2386106654		密码区	241733<98/198533204+< 63<+64<->876*98</8765 />+216>2>7/3-+47561<> +712-/5432<4*-62>>>-8		
货物或应税劳务、服务名称	规格型号	单位项	数量	单价	金额	税率	税额

税控设备技术维护费　　　　　　　项　1　377.36　377.36　6%　22.64

合　计　　　　　　　¥377.36　　¥22.64

价税合计（大写）　⊗肆佰元整　　（小写）¥400.00

销售方	名　　称：淮安航天信息有限公司 纳税人识别号：91320100011114213X 地址、电话：古今大道12号7403211 开户行及账号：招行淮安支行27651098161	备注	淮安航天信息有限公司 913201000111142131X 发票专用章

收款人：　　复核：　　开票人：赵爱民　　销售方（章）：

第三联 发票联 购买方记账凭证

业务(6)原始凭证于 2017 年 8 月 20 日取得,共 4 张。

附图 B-15

经理办公会议纪要

企业拟以不低于每股12元的价格购买华阳股份3000股,划分为交易性金融资产。

参加人员:陈耀庆　武广德　田欣宜　王春
记录员:陈浦沅

2017年8月20日

附图 B-16

交 割 单

营业部名:华泰证券有限责任公司
股东姓名:淮安汉森有限公司
资金账户:82365315241
当前币种:人民币　　　　　　　　　　　　　　　　　　　　　　　　　　元

成交日期	证券代码	证券名称	操作	成交数量	成交均价	成交金额	手续费	印花税	其他杂费	发生金额
2017.08.20	600201	东方股份	买入	12000	12	144000.00	335.81			144335.81

附图 B-17

9132058620　　江苏增值税专用发票　　No 52363208
抵扣联

9132058620
52363208
开票日期:2017年08月20日

购买方	名　称:淮安汉森有限公司 纳税人识别号:913204003215447 78P 地址、电话:淮安市友谊路32号85200880 开户行及账号:建行淮安支行2386106654			密码区	241733<98/198533204+< 63<+64<->876*98</8765 />+216>2>7/3-+47561<> +712-/5432<4*-62>>>-8		
货物或应税劳务、服务名称	规格型号	单位	数量	单价	金额	税率	税额
直接收费金融服务			1	316.80	316.80	6%	19.01
合　计					¥316.80		¥ 19.01
价税合计(大写)		⊗叁佰叁拾伍元捌角壹分			(小写)¥335.81		
销售方	名　称:华泰证券有限责任公司 纳税人识别号:91320515445420011X 地址、电话:淮安长江路1872号 85776114 开户行及账号:建行淮安支行977655897			备注			

收款人:　　　　复核:　　　　开票人:王天红　　　　销售方(章):

第二联　抵扣联　购买方扣税凭证

119

附图B-18

9132058620　江苏增值税专用发票　No 52363208

9132058620
52363208

开票日期：2017年08月20日

购买方	名　　　　称：淮安汉森有限公司 纳税人识别号：91320400321544778P 地址、电话：淮安市友谊路32号85200880 开户行及账号：建行淮安区支行 2386106654				密码区			
货物或应税劳务、服务名称	规格型号	单位	数量	单价	金额		税率	税额
直接收费金融服务			1	316.80	316.80		6%	19.01
合　计					￥316.80			￥19.01
价税合计（大写）	⊗叁佰叁拾伍元捌角壹分				（小写）￥335.81			
销售方	名　　　　称：华泰证券有限责任公司 纳税人识别号：91320515445420011X 地址、电话：淮安长江路1872号 开户行及账号：建行淮安支行977655897				备注			

收款人：　　　复核：　　　开票人：王天红　　　销售方（章）：

右侧竖排：第三联 发票联 购买方记账凭证

业务（7）原始凭证于 2017 年 8 月 31 日取得，共 5 张。

附图B-19

3200198221　江苏增值税专用发票　No 06091041

3200198221
06091041

开票日期：2017年08月31日

购买方	名　　　　称：淮安汉森有限公司 纳税人识别号：91320400321544778P 地址、电话：淮安市友谊路32号85200880 开户行及账号：建行淮安区支行 2386106654				密码区	123766<98/198533204+< 63<+64<->876*98</8765 />+216>2>7/3-+47561<> +782-/5432<4*-21>>>22		
货物或应税劳务、服务名称	规格型号	单位	数量	单价	金额		税率	税额
自来水		吨	1200	3.398058	40776.7		3%	1223.301
合　计					￥40776.7			￥1223.301
价税合计（大写）	⊗贰仟伍佰捌拾元整				（小写）￥2580.00			
销售方	名　　　　称：淮安自来水有限公司 纳税人识别号：91320100871165214Y 地址、电话：永福大道2号85746655 开户行及账号：农行淮安区支行76541112244				备注			

收款人：　　　复核：　　　开票人：张洁　　　销售方（章）：

右侧竖排：第二联 抵扣联 购买方扣税凭证

附图B-20

3200198221　　江苏增值税专用发票　　No 06091041

3200198221
06091041
开票日期：2017年08月31日

购买方	名　　称：淮安汉森有限公司 纳税人识别号：91320400321544778P 地址、电话：淮安市友谊路32号85200880 开户行及账号：建行淮安区支行 2386106654	密码区	123766<98/198533204+< 63<+64<->876*98</8765 />+216>2>7/3-+47561<> +782-/5432<4*-21>>>22

货物或应税劳务、服务名称	规格型号	单位	数量	单价	金额	税率	税额
自来水		吨	12000	3.398058	40776.7	3%	1223.301
合　　计					￥40776.7		￥1223.301

价税合计（大写）	⊗肆万贰仟元整　　　　　（小写）￥42000.00

销售方	名　　称：淮安自来水有限公司 纳税人识别号：91320100871165214X 地址、电话：永福大道2号85746655 开户行及账号：农行淮安区支行76541112244	备注	淮安自来水有限公司 91320100871165214X 发票专用章

收款人：　　　　复核：　　　　开票人：张洁　　　　销售方（章）：

第三联　发票联　购买方记账凭证

附图B-21

淮安区自来水存限公司水电气销售发票　　132041051223

No 0031302

2017年8月

总户号	1010032098	段户号	

户名	淮安汉森有限公司
地址	淮安市友谊路32号

本月示数	上月示数	消耗量	单　价		金　额
29890	17890	12000	基本水价	1.91	22920.00
			污水处理费	1.35	16200.00
			省专项费	0	0
			水资源费	0.2	2400.00
			附加费	0.04	480.00

合计（大写）	实收金额：肆万贰仟元整　　　￥42000.00

销售单位章	计算机开具；手填无效。开具金额合计限拾万元（不含）以下有效

开票地址　23　　　抄表人　　　开票人 张洁　　　开票日期 2017-8-31

附图B-22

水 费 分 配 表

2017年8月31日

部 门	吨 数	自来水分配金额	污水处理费分配金额	合计金额
生产车间	11000			
管理部门	1000			
合 计	12000			

编制：王春　　　　　　　　　　　　　　　　　　审核：田欣宜

附图B-23

中国建设银行
转账支票存根
23096654
23470003

附加信息

出票日期 *2017年8月31日*

收款人：	*淮安市淮安区自来水公司*
金　额：	*¥40776.70*
用　途：	*水费*
备　用：	*（2386106654）*

单位主管　　　　　会计

业务（8）原始凭证于 2017 年 8 月 31 日取得，共 3 张。

附图B-24

3200098293	江苏增值税专用发票	No 10201162

3200098293
10201162
开票日期：2017年08月31日

购买方	名　　　称：淮安汉森有限公司 纳税人识别号：91320400321544778P 地　址、电话：淮安市友谊路32号85200880 开户行及账号：建行淮安区支行2386106654	密码区	12-766<98/19+//204+< 63<+64<->876*98</8765 />+216>2>7/3-+47561<> +782-1///1<4*-62>>>-8

货物或应税劳务、服务名称	规格型号	单位	数量	单价	金额	税率	税额
电力		千瓦时	85296	1.25	106620.00	17%	18125.40
合　　计					￥106620.00		￥18125.40

价税合计（大写）	⊗壹拾贰万肆仟柒佰肆拾伍元肆角整　　（小写）￥124 745.40

销售方	名　　　称：江苏省电力公司淮安供电公司 纳税人识别号：91320400187645411X 地　址、电话：永怀路8号85865112 开户行及账号：农行永怀路支行70897655511	备注	江苏省电力公司淮安供电公司 913204001876455411X 发票专用章

收款人：　　　复核：　　　开票人：刘小军　　　销售方（章）：

第二联　抵扣联　购买方扣税凭证

附图B-25

3200098293	江苏增值税专用发票	No 10201162

3200098293
10201162
开票日期：2017年08月31日

购买方	名　　　称：淮安汉森有限公司 纳税人识别号：91320400321544778P 地　址、电话：淮安市友谊路32号85200880 开户行及账号：建行淮安区支行2386106654	密码区	12-766<98/19+//204+< 63<+64<->876*98</8765 />+216>2>7/3-+47561<> +782-1///1<4*-62>>>-8

货物或应税劳务、服务名称	规格型号	单位	数量	单价	金额	税率	税额
电力		千瓦时	85296	1.25	106620.00	17%	18125.40
合　　计					￥106620.00		￥18125.40

价税合计（大写）	⊗壹拾贰万肆仟柒佰肆拾伍元肆角整　　（小写）￥124745.40

销售方	名　　　称：江苏省电力公司淮安供电公司 纳税人识别号：91320400187645411X 地　址、电话：永怀路8号85865112 开户行及账号：农行永怀路支行70897655511	备注	江苏省电力公司淮安供电公司 913204001876455411X 发票专用章

收款人：　　　复核：　　　开票人：刘小军　　　销售方（章）：

第三联　发票联　购买方记账凭证

附图B-26

电 费 分 配 表

2017年8月31日

部　　门	度　　数	分配率	金　　额
生产车间	77 296		
管理部门	8 000		
合　　计	85 296		

编制：王春　　　　　　　　　　　　　　审核：田欣宜

业务（9）原始凭证于2017年8月31日取得，共2张。

附图B-27

3200021981　　　　江苏增值税专用发票　　　No 21309722

抵扣联

3200021981
21309722
开票日期：2017年08月31日

购买方	名　　　称：淮安汉森有限公司 纳税人识别号：91320400321544778P 地址、电话：淮安市友谊路32号85200880 开户行及账号：建行淮安区支行2386106654	密码区	750066<98/198533204+< 63<+64<->876*98</8765 />+216>2>612-+47561<> +782-/5432<4*-62>>>01

货物或应税劳务、服务名称	规格型号	单位	数量	单价	金额	税率	税额
友谊路4号车间厂房		栋	1	5000000.00	5000000.00	17%	850000.00
合　　计					￥5000000.00		￥850000.00

价税合计（大写）	⊗伍佰捌拾伍万元整	（小写）￥5850000.00

销售方	名　　　称：南通第三建筑有限公司 纳税人识别号：91320600736398009 8I 地址、电话：河浜路76号88776699 开户行及账号：建行南通支行09723616321	备注	南通第三建筑有限公司 91320600736398009 8I 发票专用章

收款人：　　　　复核：　　　　开票人：秦万双　　　　销售方（章）：

第二联　抵扣联　购买方扣税凭证

附图B-28

3200021981	 江苏增值税专用发票 发票联	No 21309722

3200021981
21309722
开票日期：2017年08月31日

购买方	名　　　称：淮安汉森有限公司 纳税人识别号：91320400321544778P 地　址、电话：淮安市友谊路32号85200880 开户行及账号：建行淮安区支行 2386106654	密码区	750066<98/198533204+< 63<+64<->876*98</8765 />+216>2>612-+47561<> +782-/5432<4*-62>>>01

货物或应税劳务、服务名称	规格型号	单位	数量	单价	金额	税率	税额
友谊路4号车间厂房		栋	1	5000000.00	5000000.00	17%	850000.00
合　　计					¥5000000.00		¥850000.00

价税合计（大写）	⊗伍佰捌拾伍万元整　　　　　（小写）¥5850000.00

销售方	名　　　称：南通第三建筑有限公司 纳税人识别号：913206007363980098I 地　址、电话：河浜路76号88776699 开户行及账号：建行南通支行09723616321	备注	南通第三建筑有限公司 913206007363980098I 发票专用章

收款人：　　　　复核：　　　　开票人：秦万双　　　　销售方（章）：

第三联 发票联 购买方记账凭证

业务（10）原始凭证于 2017 年 8 月 31 日取得，共 5 张。

附图B-29

3200020011	 江苏增值税专用发票 抵扣联	No 24159901

3200020011
24159901
开票日期：2017年08月31日

购买方	名　　　称：淮安汉森有限公司 纳税人识别号：91320400321544778P 地　址、电话：淮安市友谊路32号85200880 开户行及账号：建行淮安区支行 2386106654	密码区	123766<98/198533204+< 63<+64<->876*98</8765 />+216>2>7/3-+47561<> +782-/5432<4*-21>>>22

货物或应税劳务、服务名称	规格型号	单位	数量	单价	金额	税率	税额
QE2211		千克	2000	12.00	24000.00	17%	4080.00
ZX-9		千克	2000	10.00	10000.00	17%	1700.00
合　　计					¥34000.00		¥5780.00

价税合计（大写）	⊗叁万玖仟柒佰捌拾元整　　　　　（小写）¥39780.00

销售方	名　　　称：南通新源有限公司 纳税人识别号：91320600857564857X 地　址、电话：汇元路17号89474637 开户行及账号：建行汇元支行4364617365	备注	南通新源有限公司 91320600857564857X 发票专用章 （1）

收款人：　　　　复核：　　　　开票人：张婷　　　　销售方（章）：

第二联 抵扣联 购买方扣税凭证

附图B-30

3200020011　　　江苏增值税专用发票　　No 24159901

3200020011
24159901
开票日期：2017年08月31日

购买方	名　　　　称：淮安汉森有限公司 纳税人识别号：91320400321544778P 地址、电话：淮安市友谊路32号85200880 开户行及账号：建行淮安区支行 2386106654	密码区	123766<98/198533204+< 63<+64<->876*98</8765 />+216)2>7/3-+47561<> +782-/5432<4*-21>>>22

货物或应税劳务、服务名称	规格型号	单位	数量	单价	金额	税率	税额
QE2211		千克	2 000	12.00	24000.00	17%	4080.00
ZX-9		千克	2 000	10.00	10000.00	17%	1700.00
合　计					￥34000.00		￥5780.00

价税合计（大写）	⊗叁万玖仟柒佰捌拾元整　　　　　（小写）￥39780.00

销售方	名　　　　称：南通新源有限公司 纳税人识别号：91320600857564857X 地址、电话：汇元路17号89474637 开户行及账号：建行汇元支行4364617365	备注	（南通新源有限公司） 91320600857564857X 发票专用章 （1）

第三联　发票联　购买方记账凭证

收款人：　　　　复核：　　　　开票人：张婷　　　　销售方（章）

附图B-31

中国建设银行 电汇凭证

币别：人民币　　　　　　　2017年8月31日　　　　　流水号：88238831

汇款方式	√普通　□加急		
汇款人	全　称 淮安汉森有限公司	收款人	全　称 南通新源有限公司
	账　号 2386106654		账　号 4364617365
	汇出地点 江苏省 淮安市/县		汇入地点 江苏省 南通市/县
汇出行名称 建行淮安区支行		汇入行名称 建行汇元支行	

金额	人民币 （大写）　叁万玖仟柒佰捌拾元整	亿	千	百	十	万	千	百	十	角	分
						￥	3	9	7	8	0	0

中国建设银行股份公司
淮安区支行
2017.08.31
办讫章

支付密码

附加信息及用途

财务专用章

庆陈
印耀

客户签章

会计主管　　　　授权　　　　　　　　复核　　　　　录入 陈力

附图B-32

3201111681　　江苏增值税专用发票　　No 21309723

抵扣联

3201111681

21309723

开票日期：2017年08月31日

购买方	名　　称：淮安汉森有限公司 纳税人识别号：91320400321544778P 地址、电话：淮安市友谊路32号85200880 开户行及账号：建行淮安区支行 2386106654				密码区	340066<98/198533204+< 63<+35<->876*98</8765 />+2366>2>612-+42381<> +234-/5412<4*-90>>>08		
货物或应税劳务、服务名称 运费	规格型号	单位 项	数量 1	单价 800.00	金额 800.00	税率 11%	税额 88.00	
合　计					¥800.00		¥88.00	
价税合计（大写）　　⊗捌佰捌拾捌元整					（小写）¥888.00			
销售方	名　　称：淮安申通物流有限公司 纳税人识别号：91320111740984234X 地址、电话：开发新区汇源路43号88699043 开户行及账号：中行淮安支行985543009				备注	淮安申通物流有限公司 91320111740984234X 发票专用章		

收款人：　　　复核：　　　开票人：张凤　　　销售方（章）：

第二联　抵扣联　购买方扣税凭证

附图B-33

3201111681　　江苏增值税专用发票　　No 21309723

发票联

3201111681

21309723

开票日期：2017年08月31日

购买方	名　　称：淮安汉森有限公司 纳税人识别号：91320400321544778P 地址、电话：淮安市友谊路32号85200880 开户行及账号：建行淮安区支行 2386106654				密码区	340066<98/198533204+< 63<+35<->876*98</8765 />+2366>2>612-+42381<> +234-/5412<4*-90>>>08		
货物或应税劳务、服务名称 运费	规格型号	单位 项	数量 1	单价 800.00	金额 800.00	税率 11%	税额 88.00	
合　计					¥800.00		¥88.00	
价税合计（大写）　　⊗捌佰捌拾捌元整					（小写）¥888.00			
销售方	名　　称：淮安申通物流有限公司 纳税人识别号：91320111740984234X 地址、电话：开发新区汇源路43号88699043 开户行及账号：中行淮安支行985543009				备注	淮安申通物流有限公司 91320111740984234X 发票专用章		

收款人：　　　复核：　　　开票人：张凤　　　销售方（章）：

第三联　发票联　购买方记账凭证

项目三任务一情境二原始凭证

业务（1）原始凭证于2017年8月20日取得，共1张。

附图B-34

3204025678	江苏增值税专用发票	№ 21309724	3204025678
	此联不作扣税凭证		21309724
			开票日期：2017年08月20日

购买方	名　　称：淮安天虹有限公司 纳税人识别号：91320432219212464X 地址、电话：淮安范集镇开发区24号87660111 开户行及账号：农行范集分理处4107607855	密码区	340066<98/198533204+< 63<+35<->876*98</8765 />+2366>2>612-+42381<> +234-/5412<4*-90>>>08

货物或应税劳务、服务名称	规格型号	单位	数量	单价	金额	税率	税额
QE2211材料		千克	200	18.00	3600.00	17%	612.00
ZX-9材料		千克	100	14.00	1400.00	17%	238.00
合　计					￥5000.00		￥850.00

价税合计（大写）	⊗伍仟捌佰伍拾元整	（小写）￥5850.00

销售方	名　　称：淮安汉森有限公司 纳税人识别号：91320400321544778P 地址、电话：淮安市友谊路32号85200880 开户行及账号：建行淮安区支行2386106654	备注	（淮安汉森有限公司 91320400321544778P 发票专用章）

收款人：　　　　复核：　　　　开票人：魏蔽　　　　销售方（章）：

第一联　记账联　销售方记账凭证

业务（2）原始凭证于2017年8月20日取得，共1张。

附图B-35

3204025678	江苏增值税专用发票	№ 21309725	3204025678
	此联不作扣税凭证		21309725
			开票日期：2017年08月20日

购买方	名　　称：苏州德宗有限公司 纳税人识别号：91320543219212100Y 地址、电话：苏州工业园区65号87438289 开户行及账号：建行苏州新区支行4234832883	密码区	750066<98/198533204+< 63<+64<->876*98</8765 />+216>2>612-+47561<> +782-/5432<4*-62>>>01

货物或应税劳务、服务名称	规格型号	单位	数量	单价	金额	税率	税额
K501产品		件	600	300.00	180000.00	17%	30600.00
W901产品		件	800	140.00	112000.00	17%	19040.00
包装物		件	1400	12.00	16800.00	17%	2856.00
合　计					￥308800.00		￥52496.00

价税合计（大写）	⊗叁拾陆万壹仟贰佰玖拾陆元整	（小写）￥361296.00

销售方	名　　称：淮安汉森有限公司 纳税人识别号：91320400321544778P 地址、电话：淮安市友谊路32号85200880 开户行及账号：建行淮安区支行2386106654	备注	（淮安汉森有限公司 91320400321544778P 发票专用章）

收款人：　　　　复核：　　　　开票人：魏薇　　　　销售方（章）：

第一联　记账联　销售方记账凭证

业务（3）原始凭证于 2017 年 8 月 23 日取得，共 1 张。

附图 B-36

3204025678　江苏增值税专用发票　No 21309726

此联不作扣税凭证

3204025678
21309726
开票日期：2017年08月23日

购买方	名　称：苏州德宗有限公司 纳税人识别号：91320543219212100Y 地　址、电话：苏州工业园区65号87438289 开户行及账号：建行苏州新区支行4234832883	密码区	750066<98/198533204+< 63<+64<->876*98</8765 />+216>2>612-+47561<> +782-/5432<4*-62>>>01

货物或应税劳务、服务名称	规格型号	单位	数量	单价	金额	税率	税额
K501产品 折扣（10%）		件	1000	300.00 -30.00	300000.00 -30000.00	17% 17%	51000.00 -5100.00 2856.00
合　计					¥270000.00		¥45900.00

价税合计（大写）	⊗叁拾壹万伍仟玖佰元整	（小写）¥315900.00

销售方	名　称：淮安汉森有限公司 纳税人识别号：91320400321544778P 地　址、电话：淮安市友谊路32号85200880 开户行及账号：建行淮安区支行2386106654	备注	

收款人：　　　复核：　　　开票人：魏薇　　　销售方（章）：

第一联 记账联 销售方记账凭证

业务（4）原始凭证于 2017 年 8 月 27 日取得，共 2 张。

附图 B-37

3204025678　江苏增值税专用发票　No 21309727

此联不作扣税凭证

3204025678
21309727
开票日期：2017年08月27日

购买方	名　称：淮安汉森有限公司 纳税人识别号：91320400321544778P 地　址、电话：淮安市友谊路32号85200880 开户行及账号：建行淮安区分行2386106654	密码区	750066<98/198533204+< 63<+64<->876*98</8765 />+216>2>612-+47561<> +782-/5432<4*-62>>>01

货物或应税劳务、服务名称	规格型号	单位	数量	单价	金额	税率	税额
W901产品		件	20	140.00	2800.00	17%	476.00
合　计					¥2800.00		¥476.00

价税合计（大写）	⊗叁仟贰佰柒拾陆元整	（小写）¥3276.00

销售方	名　称：淮安汉森有限公司 纳税人识别号：91320400321544778P 地　址、电话：淮安市友谊路32号85200880 开户行及账号：建行淮安区支行2386106654	备注	

收款人：　　　复核：　　　开票人：魏薇　　　销售方（章）：

第一联 记账联 销售方记账凭证

附图 B-38

职工福利领取表

2017年8月27日

编号	姓名	所属部门	职员属性	数量	领取人签字	备注
1	陈耀庆	董事长办公室	董事长	1	陈耀庆	
2	武广德	总经理办公室	总经理	1	武广德	
3	陈浦沅	总经理办公室	办公室副主任	1	陈浦沅	
4	陈耀华	总经理办公室	科员	1	陈耀华	
5	田欣宜	财务科	财务经理	1	田欣宜	
6	王春	财务科	会计	1	王春	
7	魏薇	财务科	出纳	1	魏薇	
8	何琳	综合部	主任	1	何琳	
9	宣梦成	综合部	员工	1	宣梦成	
10	潘剑锋	基本生产车间	车间主任	1	潘剑锋	
11	何林伟	基本生产车间	工人	1	何林伟	
12	万凤芳	基本生产车间	工人	1	万凤芳	
13	倪琴	基本生产车间	工人	1	倪琴	
14	孟广洁	基本生产车间	工人	1	孟广洁	
15	郭冬	基本生产车间	工人	1	郭冬	
16	刘忠	基本生产车间	工人	1	刘忠	
17	李达	基本生产车间	工人	1	李达	
18	陈承	销售部	销售经理	1	陈承	
19	葛瑞军	销售部	销售员	1	葛瑞军	
20	张元	销售部	销售员	1	张元	
合计				20		

编制：王春　　　　　　　　　　　　　　　审核：田欣宜

业务（5）原始凭证于 2017 年 8 月 27 日取得，共 2 张。

附图 B-39

中国建设银行　进账单（收款通知）　3

2017 年 8 月 27 日

出票人	全称	淮安凯胜有限公司		收款人	全称	淮安汉森有限公司											
	账号	1298706532			账号	2386106654											
	开户银行	工行淮阴区支行			开户银行	建行淮安区支行	亿	千	百	十	万	千	百	十	元	角	分
金额	人民币（大写）	壹万零陆佰元整								¥	1	0	6	0	0	0	0
票据种类	支票	票据张数	一张														
票据号码	转账0280921																
备注：					中国建设银行股份公司 淮安区支行 2017.08.27 办讫章												
复核	记账				收款人开户银行签章												

此联是收款人开户银行交给收款人的收账通知

附图B-40

3204025678　　江苏增值税专用发票　　No 21309728

此联不作扣税凭证

3204025678

21309728

开票日期：2017年08月27日

购买方	名　　称：淮安凯胜有限公司 纳税人识别号：91320402732163424X 地　址、电　话：淮阴市开发区霞飞路83465777 开户行及账号：工行淮阴区支行 1298706532	密码区	750066<98/198533204+< 63<+64<->876*98</8765 />+216>2>612-+47561<> +782-/5432<4*-62>>>01

第一联　记账联　销售方记账凭证

货物或应税劳务、服务名称	规格型号	单位	数量	单价	金额	税率	税额
转让无形资产JYU-2使用权		项	1	10000.00	10000.00	6%	600.00
合　计					¥10000.00		¥600.00

价税合计（大写）	⊗壹万零陆佰元整	（小写）¥10600.00

销售方	名　　称：淮安汉森有限公司 纳税人识别号：91320400321544778P 地　址、电　话：淮安市友谊道路32号85200880 开户行及账号：建行淮安区支行 2386106654	备注	淮安汉森有限公司 91320400321544778P 发票专用章

收款人：　　　复核：　　　开票人：魏薇　　　销售方（章）：

业务（6）原始凭证于2017年8月27日取得，共3张。

附图B-41

固定资产处置申请单

2017年8月27日

固定资产名称	设备K	单位	台	型号	KJI-90-12	数量	1
资产编号	0097	停用时间	2016.8	购进时间	2013.8	存放地点	一车间
已提折旧月数	35个月	原值	390000元	累计折旧			350000元
有效使用年限	48个月	月折旧额	10000元	净值			40000元
处置原因			出售多余设备				
财务部门意见： 同意申请 田欣宜 2017.8.20				公司领导意见： 同意申请 陈耀庆 2017.8.20			

编制人　王春　　　　　使用部门负责人　何琳

图B-42

3204025678　　江苏增值税专用发票　　No 05231874

3204025678
05231874
开票日期：2017年08月27日

购买方	名　　　　称：淮安废旧物资回收公司 纳税人识别号：913201000076515232Y 地址、电话：淮安市深圳路58号87891555 开户行及账号：建行开发区支行14170008745	密码区	341256<98/198533204+< 63<+54<->876*98</8547 />+458>2>7/3+-47561<> +782-/5991<4*-62>>>-6

货物或应税劳务、服务名称	规格型号	单位	数量	单价	金额	税率	税额
设备K		台	1	50000.00	50000.00	3%	1500.00
合　计					￥50000.00		￥1500.00

价税合计（大写）	⊗伍万壹仟伍佰元整	（小写）￥51500.00

销售方	名　　　　称：淮安汉森有限公司 纳税人识别号：91320400321544778P 地址、电话：淮安市友谊路32号85200880 开户行及账号：建行淮安区支行 2386106654	备注	

收款人：　　　复核：　　　开票人：魏薇　　　销售方（章）：

附图B-43

中国建设银行　进账单（收账通知）　3

2017年8月27日

出票人	全　　称	淮安废旧物资回收公司	收款人	全　　称	淮安汉森有限公司
	账　　号	14170008745		账　　号	2386106654
	开户银行	建行开发区支行		开户银行	建行淮安区支行

金额	人民币 （大写）	伍万壹仟伍佰元整	亿	千	百	十	万	千	百	十	元	角	分
						￥	5	1	5	0	0	0	0

票据种类	转账支票	票据张数	一张	中国建设银行股份公司 淮安区支行 2017.08.27 办讫章
票据号码	转支1059698465972543			

备注：

复核：　　　记账：　　　收款人开户银行签章

业务（7）原始凭证于 2017 年 8 月 31 日取得,共 1 张。

附图 B-44

出 库 单

2017年8月31日

供应单位：淮南钢材有限公司　　　　　　　　　　　　　　　　　　　　编号：201720170

材料编号	名　称	单　位	规格	数　量		金　额		合计
				应发	实发	单价	金额	
0201002	钢材	吨		0.8	0.8	4890	3912	

备注：用于办公楼维修

收料人：童梦成　　　　　　　　　　　　　　　　交料人：王万群

业务（8）原始凭证于 2017 年 8 月 31 日取得,共 1 张。

附图 B-45

材料盘盈盘亏报告表

2017年8月31日

编号	品名	单位	账面数量	实际数量	盘盈		盘亏		原因
					数量	金额	数量	金额	
略	QE2211	千克	2100	2000			100	1800	被盗

编制：王春　　　　　　　　　　　　　　　　审核：田欣宜

项目三任务一情境三相关资料

附图 B-46

专用发票汇总表

制表日期：2017年7月06日
专用发票统计表1-02
正数发票清单（2017年6月）
纳税人识别号：320400321544778
企业名称：淮安汉森有限公司
地址电话：江苏省淮安市友谊路32号85200880
金额单位：元

★发票领用存情况★

期初库存份数	6	正数发票份数	5	负数发票份数	0
购进发票份数	7	正数废票份数	0	负数废票份数	0
退回发票份数	0	期末库存份数	8		

★销项情况★
金额单位：元

（续表）

序号	项目名称	合计	17%	13%	6%	4%	其他
1	销项正废金额	0.00	0.00	0.00	0.00	0.00	0.00
2	销项正数金额	5 000 000.00	5 000 000.00	0.00	0.00	0.00	0.00
3	销项负废金额	0.00	0.00	0.00	0.00	0.00	0.00
4	销项负数金额	0.00	0.00	0.00	0.00	0.00	0.00
5	实际销项金额	5 000 000.00	5 000 000.00	0.00	0.00	0.00	0.00
6	销项正废金额	0.00	0.00	0.00	0.00	0.00	0.00
7	销项正数税额	850 000.00	850 000.00	0.00	0.00	0.00	0.00
8	销项负废税额	0.00	0.00	0.00	0.00	0.00	0.00
9	销项负数税额	0.00	0.00	0.00	0.00	0.00	0.00
10	实际销项税额	850 000.00	850 000.00	0.00	0.00	0.00	0.00

附图B-47

淮安市增值税专用发票抵扣联认证结果通知书

淮安汉森有限单位(公司)

你单位于 2017 年 7 月 6 日报送的防伪税控系统开具的专用发票抵扣联共 5 份。经过认证，认证相符发票_____份,税额_____元。现将认证相符的专用发票抵扣联退还给你单位,请查收。

请将认证相符专用发票抵扣联与本通知书一起装订成册,作为纳税检查的备查资料。

税务认证机关(章)
认证专用章

项目三任务二相关资料

附图B-48

应纳增值税税额计算表

2017年9月30日

元

项 目	金 额
本期销项税额合计	85000
减：本期进项税额合计	23480
上期留抵税额	2000
本期减免税额	720
加：进项税额转出	
待抵扣进项税额	
本期应纳增值税税额	58800

附图B-49

专用发票汇总表

制表日期：2017年10月04日
专用发票统计表1-02
正数发票清单（2017年9月）
纳税人识别号：91320400321544778P
企业名称：淮安汉森有限公司
地址电话：江苏省淮安市友谊路32号85200880

★发票领用存情况★

期初库存份数	6	正数发票份数	5	负数发票份数	0
购进发票份数	7	正数废票份数	0	负数废票份数	0
退回发票份数	0	期末库存份数	8		

★销项情况★

金额单位：元

序号	项目名称	合计	17%	13%	6%	4%	其他
1	销项正废金额	0.00	0.00	0.00	0.00	0.00	0.00
2	销项正数金额	500000.00	500000.00	0.00	0.00	0.00	0.00
3	销项负废金额	0.00	0.00	0.00	0.00	0.00	0.00
4	销项负数金额	0.00	0.00	0.00	0.00	0.00	0.00
5	实际销项金额	500000.00	500000.00	0.00	0.00	0.00	0.00
6	销项正废金额	0.00	0.00	0.00	0.00	0.00	0.00
7	销项正数税额	85000.00	85000.00	0.00	0.00	0.00	0.00
8	销项负废税额	0.00	0.00	0.00	0.00	0.00	0.00
9	销项负数税额	0.00	0.00	0.00	0.00	0.00	0.00
10	实际销项税额	85000.00	85000.00	0.00	0.00	0.00	0.00
总计							

附图B-50

淮安市增值税专用发票抵扣联认证结果通知书

淮安汉森有限公司 单位(公司)

你单位于 2017 年 10 月 4 日报送的防伪税控系统开具的专用发票抵扣联共 5 份。经过认证，认证相符发票 5 份，税额 23480 元。现将认证相符的专用发票抵扣联退还给你单位，请查收。

请将认证相符专用发票抵扣联与本通知书一起装订成册，作为纳税检查的备查资料。

税务认证机关(章)
认证专用章

项目三任务三相关资料

请根据情境一销售单填写增值税专用发票(本份发票一式三联,抵扣联、发票联略)。

附图B—51

3204023445    江际增值税专用发票   No 21309356

此联不作扣税凭证

3204023445
21309356

开票日期：　年　月　日

购买方	名　　称： 纳税人识别号： 地址、电话： 开户行及账号：					密码区	750066<98/195533204+< 63<+64<->876*98</8765 />+216>2>612-+47561<> +782-/5432<4*-62>>>01		
货物或应税劳务、服务名称	规格型号	单位	数量	单价		金额	税率	税额	
合　计									
价税合计（大写）						（小写）			
销售方	名　　称： 纳税人识别号： 地址、电话： 开户行及账号：					备注			

收款人：　　　　　复核：　　　　　开票人：　　　　　　销售方（章）：

第一联　记账联　销售方记账凭证

请根据情景二销售单填写增值税普通发票(本份发票一式三联,抵扣联、发票联略)。

附图B—52

3204025678    江苏增值税专用发票   No 21309724

此联不作扣税凭证

3204025678
21309724

开票日期：　年　月　日

购买方	名　　称： 纳税人识别号： 地址、电话： 开户行及账号：					密码区	750066<98/195533204+< 63<+64<->876*98</8765 />+216>2>612-+47561<> +782-/5432<4*-62>>>01		
货物或应税劳务、服务名称	规格型号	单位	数量	单价		金额	税率	税额	
合　计									
价税合计（大写）						（小写）			
销售方	名　　称： 纳税人识别号： 地址、电话： 开户行及账号：					备注			

收款人：　　　　　复核：　　　　　开票人：　　　　　　销售方（章）：

第一联　记账联　销售方记账凭证

请根据情境三以销售方身份填写开具红字增值税专用发票申请单以及负数增值税发票。

附图B-53

开具红字增值税专用发票申请单

填开日期：   年   月   日   NO.

销售方	名　称		购买方	名　称			
	纳税人识别号			纳税人识别号			
开具红字专用发票内容	货物（劳务服务）名称	数量	单价	金额	税率	税额	
	合　计	—			—		
说明	一、购买方申请□ 对应蓝字专用发票抵扣增值税销项税额情况： 1. 已抵扣□ 2. 未抵扣□ （1）无法认证□ （2）纳税人识别号认证不符□ （3）增值税专用发票代码、号码认证不符□ （4）所购货物不属于增值税扣税项目范围□ 对应蓝字专用发票密码区内打印的代码： 号码： 二、销售方申请□ （1）因开票有误购买方拒收的□ （2）因开票有误等原因尚未交付的□ 对应蓝字专用发票密码区内打印的代码： 号码： 开具红字专用发票理由：						

申明：我单位提供的申请单内容真实，否则将承担相关法律责任。

申请方经办人：   联系电话：   申请方名称（印章）：

注：本申请单一式两联，第一联申请方留存，第二联申请方所属主管税务机关留存。

附图B-54

3204025678
销项负数

江苏增值税专用发票
此联不作扣税凭证

No 21309356

3200345678
21309356

开票日期：　年 月 日

购买方	名　　　称：							
	纳税人识别号：							
	地址、电话：							
	开户行及账号：							

密码区：750066<98/198533204+<63<+64<->876*98</8765/>+216>2>612-+47561<>+782-/5432<4*-62>>>01

货物或应税劳务、服务名称	规格型号	单位	数量	单价	金额	税率	税额
合　计							

价税合计（大写）		（小写）

销售方	名　　　称：		
	纳税人识别号：		备注
	地址、电话：		
	开户行及账号：		

收款人：　　　　复核：　　　　开票人：　　　　销售方（章）：

第一联 记账联 销售方记账凭证

项目四任务一情境一原始凭证

附图B-55

3200031001

江苏增值税专用发票
此联不作扣税凭证

No 21606501

3200031001
21606501

开票日期：2017年07月02日

购买方	名　　　称：华鸣百货公司
	纳税人识别号：91320400321544779Y
	地址、电话：淮安市友谊路38号85200883
	开户行及账号：建行淮安区支行2386106656

密码区：750066<98/198533204+<63<+64<->876*98</8765/>+216>2>612-+47561<>+782-/5432<4*-62>>>01

货物或应税劳务、服务名称	规格型号	单位	数量	单价	金额	税率	税额
啤酒		吨	10	2800.00	28000.00	17%	4760.00
合　计					￥28000.00		￥4760.00

价税合计（大写）	⊗叁万贰仟柒佰陆拾元整	（小写）￥32760.00

销售方	名　　　称：南通振兴有限公司	
	纳税人识别号：91320600736533144F	备注
	地址、电话：河浜路76号85776632	
	开户行及账号：中行南通如东支行09767616511	

南通振兴有限公司
91320600736533144F
发票专用章
（1）

收款人：　　　　复核：　　　　开票人：万青　　　　销售方（章）：

第一联 记账联 销售方记账凭证

附图B-56

3200031001　江苏增值税专用发票　No 21606502

此联不作扣税凭证

3200031001
21606502
开票日期：2017年07月05日

购买方	名　　称：华鸣百货公司 纳税人识别号：91320400321544779Y 地址、电话：淮安市友谊路38号85200883 开户行及账号：建行淮安区支行2386106656	密码区	750066<98/198533204+< 63<+64<->876*98</8765 />+216>2>612-+47561<> +782-/5432<4*-62>>>01

货物或应税劳务、服务名称	规格型号	单位	数量	单价	金额	税率	税额
白酒		吨	50	6000.00	300000.00	17%	51000.00
合　计					¥300000.00		¥51000.00

价税合计（大写）	⊗叁拾伍万壹仟元整	（小写）¥351000.00

销售方	名　　称：南通振兴有限公司 纳税人识别号：91320600736533144F 地址、电话：河浜路76号85776632 开户行及账号：中行南通如东支行09767616511	备注	南通振兴有限公司 91320600736533144F 发票专用章 （1）

收款人：　　　　复核：　　　　开票人：万青　　　　销售方（章）：

右侧竖排：第一联　记账联　销售方记账凭证

附图B-57

3200031001　江苏增值税专用发票　No 21606503

此联不作扣税凭证

3200031001
21606503
开票日期：2017年07月07日

购买方	名　　称：华利商场 纳税人识别号：913203647583928734P 地址、电话：淮安市江海路115号85200880 开户行及账号：建行淮安区支行2386106657	密码区	750066<98/198533204+< 63<+64<->876*98</8765 />+216>2>612-+47561<> +782-/5432<4*-62>>>01

货物或应税劳务、服务名称	规格型号	单位	数量	单价	金额	税率	税额
药酒		箱	50	3200.00	160000.00	17%	27200.00
合　计					¥160000.00		¥27200.00

价税合计（大写）	⊗壹拾捌万柒仟贰佰元整	（小写）¥187200.00

销售方	名　　称：南通振兴有限公司 纳税人识别号：91320600736533144F 地址、电话：河浜路76号85776632 开户行及账号：中行南通如东支行09767616511	备注	南通振兴有限公司 91320600736533144F 发票专用章 （1）

收款人：　　　　复核：　　　　开票人：万青　　　　销售方（章）：

右侧竖排：第一联　记账联　销售方记账凭证

附图B-58

3200031001 　　江苏增值税专用发票　　№ 21606504

　　　　　此联不作扣税凭证

3200031001
21606504
开票日期：2017年07月08日

购买方	名　　　称：华运商店 纳税人识别号：91323284756291748D 地址、电话：南通市嘉兴路5号86207788 开户行及账号：建行南通市支行2386106658	密码区	750066<98/198533204+< 63<+64<->876*98</8765 />+216>2>612-+47561<> +782-/5432<4*-62>>>01

货物或应税劳务、服务名称	规格型号	单位	数量	单价	金额	税率	税额
白酒		吨	8	4000.00	32000.00	17%	5440.00
合　计					¥32000.00		¥5440.00

价税合计（大写）	⊗叁万柒仟肆佰肆拾元整	（小写）¥37440.00

销售方	名　　　称：南通振兴有限公司 纳税人识别号：91320600736533144F 地址、电话：河浜路76号85776632 开户行及账号：中行南通如东支行09767616511	备注	南通振兴有限公司 91320600736533144F 发票专用章 （1）

收款人：　　　　复核：　　　　开票人：万青　　　　销售方（章）：

第一联　记账联　销售方记账凭证

附图B-59

产品出库单

元

日期	编号	用途	产品名称	单位	数量	单位成本	总成本	购货单位
7.2	02001	销售	啤酒	吨	10	1800.00	18000.00	华鸣百货公司
7.5	02002	销售	白酒	吨	50	4200.00	210000.00	华鸣百货公司
7.7	02003	销售	药酒	箱	50	2400.00	120000.00	华利商场
7.8	02004	销售	散装白酒	吨	8	3100.00	24800.00	华运商店
7.10	02005	广告	白酒	吨	0.5	3500.00	1750.00	销售部
7.16	02006	抵债	白酒	吨	10	4200.00	42000.00	利丰公司
7.18	03101	加工酒精	酒精	吨	5	4000.00	20000.00	徐州凯达有限公司
7.20	04001	广告	A种卷烟	箱	110	1181.82	130000.00	销售部
	合计						416550.00	

主管：　　　　会计：王慧春　　　　保管人：　　　　经手人：

附图B-60

3204875601	江苏增值税专用发票	No 20374503

3204875601
20374503
开票日期：2017年07月18日

购买方	名　　　称：南通振兴有限公司 纳税人识别号：91320600736533144F 地址、电话：河浜路76号85776632 开户行及账号：中行南通如东支行09767616511	密码区	750066<98/198533204+< 63<+64<->876*98</8765 />+216)2>612-+47561<> +782-/5432<4*-62>>>01

货物或应税劳务、服务名称	规格型号	单位	数量	单价	金额	税率	税额
加工费					16000.00	17%	2720.00
合　计					￥16000.00		￥2720.00

价税合计（大写）	⊗壹万捌仟柒佰贰拾元整	（小写）￥18720.00

销售方	名　　　称：徐州凯达有限公司 纳税人识别号：91320445736531118X 地址、电话：解放路76号82136338 开户行及账号：中行徐州解放支行09767613444	备注	徐州凯达有限公司 91320445736531118X 发票专用章

收款人：　　　复核：　　　开票人：李玉红　　　销售方（章）：

附图B-61

3200031001	江苏增值税专用发票	No 21606505

此联不作扣税凭证

3200031001
21606505
开票日期：2017年07月21日

购买方	名　　　称：华利商场 纳税人识别号：91320364758392873P 地址、电话：淮安市江海路115号85200880 开户行及账号：建行淮安区支行2386106659	密码区	750066<98/198533204+< 63<+64<->876*98</8765 />+216)2>612-+47561<> +782-/5432<4*-62>>>01

货物或应税劳务、服务名称	规格型号	单位	数量	单价	金额	税率	税额
B牌卷烟		箱	20	20000.00	400000.00	17%	68000.00
包装物					10000.00	17%	1700.00
合　计					￥410000.00		￥69700.00

价税合计（大写）	⊗肆拾柒万玖仟柒佰元整	（小写）￥479700.00

销售方	名　　　称：南通振兴有限公司 纳税人识别号：91320600736533144F 地址、电话：河浜路76号85776632 开户行及账号：中行南通如东支行09767616511	备注	南通振兴有限公司 91320600736533144F 发票专用章 （1）

收款人：　　　复核：　　　开票人：万青　　　销售方（章）：

项目四任务一情境二原始凭证

附图B-62

6500133143	新疆增值税专用发票	No 00223332
	此联不作报税凭证	6500133143
		00223332
		开票日期：2017年08月05日

购买方	名　称：华鸣百货公司 纳税人识别号：91320400321544779Y 地址、电话：淮安市友谊路38号 85200880 开户行及账号：建行淮安区支行 2386106656	密码区	750066<98/198533204+< 63<+64<->876*98</8765 />+216>2>612-+47561<> +782-/5432<4*-62>>>01

货物或应税劳务、服务名称	规格型号	单位	数量	单价	金额	税率	税额
金项链		条	400	5658.12	2263247.86	17%	384752.14
合　计					￥2263247.86		￥384752.14

价税合计（大写）	⊗贰佰陆拾肆万捌仟元整　　　（小写）￥2648000.00

销售方	名　称：昌吉市金星商贸有限公司 纳税人识别号：91652301250109909R 地址、电话：昌吉市商城路76号2346632 开户行及账号：中行商城路支行09767616511	备注	昌吉市金星商贸有限公司 91652301250109909R 发票专用章

收款人：　　　　复核：　　　　开票人：李红　　　　销售方（章）：

第一联 记账联 销售方记账凭证

附图B-63

销售汇总表　　　　　　　　　　　　元

日期	货物名称	数量	零售价	合计	备注
8月5日	金项链	400	5850	2340000.00	华鸣百货公司购买
8月8日	金银首饰			3415800.00	门市零售
8月15日	首饰包装物			314500.00	门市零售
8月20日	金银首饰			728000.00	以旧换新，旧金银首饰作价616000
合　计				6798300.00	

项目四任务一情境三原始凭证

附图B-64

6500133140　　新疆增值税专用发票　　No 52002002

6500133140
52002002
开票日期：2017年06月15日

购买方	名　称：淮安汉森有限公司 纳税人识别号：91320400321544778P 地址、电话：淮安市友谊路32号85200880 开户行及账号：建行淮安区支行2386106654					密码区	750066<98/198533204+< 63<+64<->876*98</8765 />+216>2>612-+47561<> +782-/5432<4*-62>>>01		
货物或应税劳务、服务名称	规格型号	单位	数量	单价	金额		税率	税额	
小汽车		辆	10	80000.00	800000.00		17%	136000.00	
合　计					¥800000.00			¥136000.00	
价税合计（大写）	⊗玖拾叁万陆仟元整			（小写）¥936000.00					
销售方	名　称：新疆天利汽车制造有限公司 纳税人识别号：91652301250101100I 地址、电话：昌吉市长宁南路42号23248999 开户行及账号：建行昌吉市支行011432234451					备注			

收款人：　　　复核：　　　开票人：杨红　　　销售方（章）：

附图B-65

6500133140　　新疆增值税专用发票　　No 52002003

6500133140
52002003
开票日期：2017年06月18日

购买方	名　称：淮安汉森有限公司 纳税人识别号：91320400321544778P 地址、电话：淮安市友谊路32号85200880 开户行及账号：建行淮安区支行2386106654					密码区	750066<98/198533204+< 63<+64<->876*98</8765 />+216>2>612-+47561<> +782-/5432<4*-62>>>01		
货物或应税劳务、服务名称	规格型号	单位	数量	单价	金额		税率	税额	
摩托车		辆	20	5000.00	100000.00		17%	17000.00	
合　计					¥100000.00			¥17000.00	
价税合计（大写）	⊗壹拾壹万柒仟元整			（小写）¥117000.00					
销售方	名　称：新疆天利汽车制造有限公司 纳税人识别号：91652301250101100I 地址、电话：昌吉市长宁南路42号23248999 开户行及账号：建行昌吉市支行011432234451					备注			

收款人：　　　复核：　　　开票人：杨红　　　销售方（章）：

附图B-66

6500133140　　　　新疆增值税专用发票　　　No 00223333

此联不作扣税凭证

6500133140

00223333

开票日期：2017年06月20日

购买方	名　　　称：华运公司 纳税人识别号：91323284756291748I 地址、电话：南通市嘉兴路5号86207788 开户行及账号：建行南通市分行 2386106654				密码区	750066<98/198533204+< 63<+64<->876*98</8765 />+216>2>612-+47561<> +782-/5432<4*-62>>>01		第一联 记账联 购买方记账凭证
货物或应税劳务、服务名称	规格型号	单位	数量	单价	金额	税率	税额	
汽油		升	60万	6.50	3900000.00	17%	663000.00	
柴油		升	50万	5.50	2750000.00	17%	467500.00	
合　计					￥6650000.00		￥1130500.00	
价税合计（大写）	⊗柴佰柒拾捌万零伍佰元整				（小写）￥7780500.00			
销售方	名　　　称：新疆天利汽车制造有限公司 纳税人识别号：91652301250101100I 地址、电话：昌吉市长宁南路42号 23248999 开户行及账号：建行昌吉市支行011432234451				备注			

收款人：　　　　复核：　　　　开票人：杨红　　　　销售方（章）：

附图B-67

投资入股凭证

2017年6月25日收到投资人：新疆天利汽车制造有限公司　以实物方式交付合同约定的50辆B型小汽车（每辆汽车售价 200000.00 元），投资作价（大写）人民币　壹仟肆佰肆拾万 元整,（小写）￥14400000.00元,投资期限36个月,从2017年 6月25日至2020年6月 24 日止。特立此据。

被投资人（签章）：

填制日期：2017年6月25日

经办人：星平

附图B-68

产品出库单

日期	编号	用途	产品名称	单位	数量	单位成本	总成本	购货单位
6月25日	14031	投资入股	B型汽车	辆	50	150000.00	750000.00	申通物流公司
		合计					750000.00	

主管：　　　　会计：　　　　保管人：陈春　　　　经手人：

附图B-69

海关进口货物交税凭证

进口单位：新疆天利汽车制造有限公司 　　　　　　　　　　　日期：2017年6月26日

进口货物名称	关税完税价	单位	数量	总价	关税税率	已交关税	已交增值税	已交消费税
小汽车	8万元	辆	95	760万元	45%	342万元	197.2万元	58万元

项目四任务二情境一原始凭证

附图B-70

6500122150　　　　　　新疆增值税专用发票　　　No 00332451

　　　　　　　　　　　　　　　　　　　　　　　　　　　　　　6500122150
　　　　　　　　　　　　　　　　　　　　　　　　　　　　　　00332451

　　　　　　　　　　　　　　　　　　　　　　　　　开票日期：2017年07月05日

购买方	名　称：庞大汽车销售公司 纳税人识别号：91652301011734533Z 地址、电话：昌吉市乌伊西路20号23467777 开户行及账号：工商银行北京路支行208436677364888277	密码区	750066<98/198533204+< 63<+64<->876*98</8765 />+216>2>612-+47561<> +782-/5432<4*-62>>>01

货物或应税劳务、服务名称	规格型号	单位	数量	单价	金额	税率	税额
A型小汽车	1.6升	辆	15	88000.00	1320000.00	17%	224400.00
合　计					￥1320000.00		￥224400.00

价税合计（大写）	⊗壹佰伍拾肆万肆仟肆佰元整　　　　（小写）￥1544400.00

销售方	名　称：昌吉宏大汽车有限公司 纳税人识别号：91652301432807788S 地址、电话：昌吉市南五工路99号 23455411 开户行及账号：中国建设银行昌吉市北京路分理处 　　　　　　　1765248956321478658	备注	昌吉宏大汽车有限公司 91652301432807788S 发票专用章

收款人：　　　　复核：　　　　开票人：陈阳　　　　销售方（章）：

第一联　记账联　销售方记账凭证

附图B-71

6500122150　　新疆增值税专用发票　　No 00332452

发票联不作扣税凭证

6500122150
00332452
开票日期：2017年07月08日

购买方	名　称：汇京汽车销售公司 纳税人识别号：91652301011766666R 地址、电话：昌吉市乌伊西路20号　23466666 开户行及账号：工商银行北京路支行 208436677302113455	密码区	750066<98/198533204+< 63<+64<->876*98</8765 />+216>2>612-+47561<> +782-/5432<4*-62>>>01

货物或应税劳务、服务名称	规格型号	单位	数量	单价	金额	税率	税额
中轻型商用客车		辆	20	120000.00	2400000.00	17%	408000.00
合　计					¥2808000.00		¥408000.00

价税合计（大写）	⊗贰佰捌拾万零捌仟元整　　　（小写）¥2808000.00

销售方	名　称：昌吉宏大汽车有限公司 纳税人识别号：91652301432807788S 地址、电话：昌吉市南五工路99号　23455411 开户行及账号：中国建设银行昌吉市北京路分理处 1765248956321478658	备注	

收款人：　　　复核：　　　开票人：陈阳　　　销售方（章）：

第一联 记账联 销售方记账凭证

附图B-72

出 库 单

领用单位：海智商贸公司　　　用途：投资入股　　　2017年7月12日

品名规格	单位	数量	单价	金额	备注
B型小汽车（1.6升）	辆	10	100000.00	1000000.00	最高价11.5万元
					最高价9.5万元
小　计				1000000.00	

领料人：李红　　　库号：3　　　保管：陈永祥

附图B-73

出 库 单

领用单位：海星公司　　　用途：赞助　　　2017年7月18日

品名规格	单位	数量	单价	金额	备注
A型小汽车	辆	2	88000.00	176000.00	
小　计				176000.00	

领料人：李红　　　库号：3　　　保管：陈永祥

附图B-74

6500122150　新疆增值税专用发票　No 00332453

此联不作扣税凭证

6500122150
00332453

开票日期：2017年07月22日

购买方	名　　称：大众汽车销售公司 纳税人识别号：91652301203457636D 地址、电话：昌吉市乌伊西路15号 23477222 开户行及账号：工商银行北京路支行 208436677033746622				密码区	750066<98/198533204+< 63<+64<->876*98</8765 />+216>2>612-+47561<> +782-/5432<4*-62>>>01

货物或应税劳务、服务名称	规格型号	单位	数量	单价	金额	税率	税额
C型小汽车	2.6升	辆	20	225000.00	4500000.00	17%	765000.00
合　计					￥4500000.00		￥765000.00

价税合计（大写）	⊗伍佰贰拾陆万伍仟元整　　　（小写）￥5265000.00

销售方	名　　称：昌吉宏大汽车有限公司 纳税人识别号：91652301432807788S 地址、电话：昌吉市南五工路99号 23455411 开户行及账号：建行昌吉市北京路分理处 1765248956321478658	备注	

收款人：　　　复核：　　　开票人：陈阳　　　销售方（章）：

第一联　记账联　销售方记账凭证

项目四任务二情境二原始凭证

附图B-75

6500122321　新疆增值税专用发票　No 00332705

此联不作扣税凭证

6500122321
00332705

开票日期：2017年05月06日

购买方	名　　称：昌吉大众物流公司 纳税人识别号：91652301203457635I 地址、电话：昌吉市乌伊西路18号23443333 开户行及账号：工商银行北京路支行 208436677857645677				密码区	750066<98/198533204+< 63<+64<->876*98</8765 />+216>2>612-+47561<> +782-/5432<4*-62>>>01

货物或应税劳务、服务名称	规格型号	单位	数量	单价	金额	税率	税额
汽油		万升	20	55000.00	1100000.00	17%	187000.00
柴油		万升	10	60000.00	600000.00		102000.00
合　计					￥1700000.00		￥289000.00

价税合计（大写）	⊗壹佰玖拾捌万玖仟元整　　　（小写）￥1989000.00

销售方	名　　称：新疆红星石化股份公司 纳税人识别号：91652301104012166S 地址、电话：昌吉市石河子西路9号 23455411 开户行及账号：建行昌吉市北京路分理处 1765248937465235462	备注	

收款人：　　　复核：　　　开票人：罗平阳　　　销售方（章）：

第一联　记账联　销售方记账凭证

附图B-76

出 库 单

领用单位：销售部门　　　　　用途：销售部汽车用油　　　　　2017年5月9日

品名规格	单位	数量	单价	金额	备注
汽油	升	2000	5.50	11000.00	
小　计				11000.00	

领料人：马梅　　　　　　库号：3　　　　　　保管：陈腾

附图B-77

6500122321　　　　新疆增值税专用发票　　No 00332706　　6500122321

出联不作扣税凭证　　　　　　　　　　　　　00332706

开票日期：2017年05月10日

购买方	名　　称：海南航空公司 纳税人识别号：91652301203457637A 地址、电话：乌鲁木齐市北京路15号 78277222 开户行及账号：工商银行北京路支行 2084366770033746623				密码区	750066<98/198533204+< 63<+64<->876*98</8765 />+216>2>612-+47561<> +782-/5432<4*-62>>>01		
货物或应税劳务、服务名称	规格型号	单位	数量	单价	金额	税率	税额	
航空煤油		万升	200	35000.00	7000000.00	17%	1190000.00	
合　计					￥7000000.00		￥1190000.00	
价税合计（大写）		⊗捌佰壹拾玖万元整		（小写）￥8190000.00				
销售方	名　　称：新疆红星石化股份公司 纳税人识别号：91652301104012166S 地址、电话：昌吉市石河子西路9号 23455411 开户行及账号：建行昌吉市北京路分理处 1765248937465235462				备注	新疆红星石化股份公司 91652301104012166S 发票专用章		

收款人：　　　复核：　　　开票人：罗平阳　　　销售方（章）：

第一联　记账联　销售方记账凭证

附图B-78

6500122321	新疆增值税专用发票 此联不作扣税凭证	No 00332707	

6500122321
00332707

开票日期：2017年05月15日

购买方	名　　　　称：大众汽车销售公司 纳税人识别号：91652301203457636D 地址、电话：昌吉市乌伊西路15号 23477222 开户行及账号：工商银行北京路支行 208436677033746622	密码区	750066<98/198533204+< 63<+64<->876*98</8765 />+216)2>612-+47561<> +782-/5432<4*-62>>>01

货物或应税劳务、服务名称	规格型号	单位	数量	单价	金额	税率	税额
润滑油		升	50000	7.00	350000.00	17%	59500.00
合　计					¥350000.00		¥59500.00

价税合计（大写）	⊗肆拾万零玖仟伍佰元整	（小写）¥409500.00

销售方	名　　　　称：新疆红星石化股份公司 纳税人识别号：91652301104012166S 地址、电话：昌吉市石河子西路9号 23455411 开户行及账号：建行昌吉市北京路分理处 1765248937465235462	备注	新疆红星石化股份公司 91652301104012166S 发票专用章

收款人：　　　　复核：　　　　开票人：罗平阳　　　　销售方（章）：

第一联 记账联 销售方记账凭证

附图B-79

6500122321	新疆增值税专用发票 此联不作扣税凭证	No 00332708	

6500122321
00332708

开票日期：2017年05月20日

购买方	名　　　　称：华润商贸公司 纳税人识别号：91652301203457638P 地址、电话：昌吉市长宁南路5号 23256555 开户行及账号：工商银行长宁南路分理处 2082254780337488444	密码区	750066<98/198533204+< 63<+64<->876*98</8765 />+216)2>612-+47561<> +782-/5432<4*-62>>>01

货物或应税劳务、服务名称	规格型号	单位	数量	单价	金额	税率	税额
燃料油		升	60000	2.50	150000.00	17%	25500.00
合　计					¥150000.00		¥25500.00

价税合计（大写）	⊗壹拾柒万伍仟伍佰元整	（小写）¥175500.00

销售方	名　　　　称：新疆红星石化股份公司 纳税人识别号：91652301104012166S 地址、电话：昌吉市石河子西路9号 23455411 开户行及账号：建行昌吉市北京路分理处 1765248937465235462	备注	新疆红星石化股份公司 91652301104012166S 发票专用章

收款人：　　　　复核：　　　　开票人：罗平阳　　　　销售方（章）：

第一联 记账联 购买方记账凭证

附图B-80

出 库 单

领用单位：管理部　　　　　　用途：捐赠申通物流　　　　　　2017年5月24日

品名规格	单位	数量	单价	金额	备注
汽油	升	10000	5.50	55000.00	
小　计				55000.00	

领料人：马梅　　　　　　　　库号：3　　　　　　　　保管：陈腾

项目四任务三原始凭证

附图B-81

6500133140　　　　　新疆增值税专用发票　　　　No 00223331

此联不作扣税凭证

6500133140
00223331

开票日期：2017年06月04日

购买方	名　　称：江园商店 纳税人识别号：91652301203456789E 地址、电话：昌吉市长宁南路47号23256441 开户行及账号：建行昌吉市支行6217000010041204608	密码区	750066<98/198533204+< 63<+64<->876*98</8765 />+216>2>612-+47561<> +782-/5432<4*-62>>>01

货物或应税劳务、服务名称	规格型号	单位	数量	单价	金额	税率	税额
啤酒		吨	20	2800.00	56000.00	17%	9520.00
合　计					￥56000.00		￥9520.00

价税合计（大写）	⊗陆万伍仟伍佰贰拾元整　　　　（小写）￥65520.00

销售方	名　　称：新疆宏远集团公司 纳税人识别号：91652301432806261F 地址、电话：昌吉市南五工路99号 23455412 开户行及账号：建行昌吉市北京路分理处 　　　　　　　1765248956321478658	备注	（新疆宏远集团公司 91652301432806261F 发票专用章）

收款人：　　　　复核：　　　　开票人：赵新虹　　　　销售方（章）：

第一联 记账联 销售方记账凭证

附图B-82

6500133140  No 00223332

650013314
00223332

开票日期：2017年06月05日

购买方	名　　称：昌吉市金星商贸有限公司 纳税人识别号：91652301250109909R 地址、电话：昌吉市商城路76号2346632 开户行及账号：中行商城路支行09767616511		密码区	750066<98/198533204+< 63<+64<->876*98</8765 />+216>2>612-+47561<> +782-/5432<4*-62>>>01

货物或应税劳务、服务名称	规格型号	单位	数量	单价	金额	税率	税额
粮食白酒		吨	20	7500.00	150000.00	17%	25500.00
包装物					15000.00	17%	2550.00
价外补贴					20000.00	17%	3400.00
合　计					¥185000.00		¥31450.00

价税合计（大写）	⊗贰拾壹万陆仟肆佰伍拾元整	（小写）¥216450.00

销售方	名　　称：新疆宏远集团公司 纳税人识别号：91652301432806261F 地址、电话：昌吉市南五工路99号 23455412 开户行及账号：建行昌吉市北京路分理处 1765248956321478658	备注	

收款人：　　　复核：　　　开票人：赵新虹　　　销售方（章）：

第一联 记账联 销售方记账凭证

附图B-83

出 库 单

领用单位：生产车间　　　　用途：委托加工烟丝　　　　2017年6月6日

品名规格	单位	数量	单价	金额	备注
烟叶	批	1		240000.00	
小　计				240000.00	

领料人：王新燕　　　　库号：3　　　　保管：陈玉燕

附图B-84

6500133140　　　新疆增值税专用发票　　　No 00223333

6500133140

00223333

开票日期：2017年06月06日

购买方	名　　　称：新疆宏远集团公司 纳税人识别号：91652301432806261F 地址、电话：昌吉市南五工路99号 23455412 开户行及账号：建行昌吉市北京路分理处 　　　　　　　1765248956321478658	密码区	750066<98/198533204+< 63<+64<->876*98</8765 />+216>2>612-+47561<> +782-/5432<4*-62>>>01

货物或应税劳务、服务名称	规格型号	单位	数量	单价	金额	税率	税额
加工费				40000.00	40000.00	17%	6800.00
合　计					￥40000.00		￥6800.00

价税合计（大写）	⊗肆万陆仟捌佰元整　　　　（小写）￥46800.00

销售方	名　　　称：昌吉海星公司 纳税人识别号：91650101119144444H 地址、电话：昌吉市北京南路203号23466888 开户行及账号：北京路信用社 80610401012011000 45678	备注	昌吉海星公司 91650101119144444H 发票专用章

收款人：　　　复核：　　　开票人：张雨欣　　　销售方（章）：

第二联　抵扣联　购买方扣税凭证

附图B-85

中国建设银行 现金支票存根 01457361	中国建设银行 现金支票（新）　　01457361

附加信息

_____

_____

出票日期 2017年 6月 6日

收 款 人：海星公司

金　　额：￥46800.00

用　　途：支付代缴消
费税

单位主管　　会计

出票日期(大写) 贰零壹柒年零陆月零陆日　　付款行名称：建行昌吉北京路分理处

付款期限自出票之日起十天

收款人：海星公司　　　出票人账号：1765248956321478658

人民币 （大写）	壹拾贰万元整	亿	千	百	十	万	千	百	十	元	角	分
					￥	1	4	6	8	0	0	0	0

用途 支付代缴消费税　　　科目（借）_____

上列款项请从　　　　　　　对方科目（贷）_____

我账户内支付　　　　　　　付讫日期　年　月　日

出票人签章　　　　复核　　　　记账

附图B-86

出　库　单

领用单位：销售部　　　　　　　用途：赞助糖酒交易会　　　　　　2017年6月9日

品名规格	单位	数量	生产成本	金额	单位售价
粮食白酒	吨	0.2	3000.00	600.00	5000.00
小　计				600.00	

领料人：王新燕　　　　　　　　库号：3　　　　　　　　保管：陈玉燕

附图B-87

6500133140　　　　新疆增值税专用发票　　　No 00223334

此联不作扣税凭证

　　　　　　　　　　　　　　　　　　　　　　　6500133140

　　　　　　　　　　　　　　　　　　　　　　　00223334

　　　　　　　　　　　　　　　　开票日期：2017年06月12日

购买方	名　　　称：友谊商场 纳税人识别号：916523012292255533S 地址、电话：昌吉市延安北路1号 23248888 开户行及账号：工行延安北路分理处 02347568886668454	密码区	750066<98/198533204+< 63<+64<->876*98</8765 />+216>2>612-+47561<> +782-/5432<4*-62>>>01

货物或应税劳务、服务名称	规格型号	单位	数量	单价	金额	税率	税额
甲类卷烟		箱	20	25000.00	500000.00	17%	85000.00
合　计					¥500000.00		¥85000.00
价税合计（大写）	⊗伍拾捌万伍仟元整　　　（小写）¥585000.00						

销售方	名　　　称：新疆宏远集团公司 纳税人识别号：91652301432806261F 地址、电话：昌吉市南五工路99号 23455412 开户行及账号：建行昌吉市北京路分理处 　　　　　　　1765248956321478658	备注	新疆宏远集团公司 91652301432806261F 发票专用章

收款人：　　　　复核：　　　　开票人：赵新虹　　　　销售方（章）：

第一联　记账联　销售方记账凭证

附图B-88

产品出库单

日 期	用 途	产品名称	单位	数量	单位成本	总成本	备 注
6月15日	职工福利	化妆品				20000.00	市场同类消费品销售价格为30000元
6月18日	装修办公室	实木地板	㎡	1000	60.00	60000.00	市场平均零售价格为117元
	合计					80000.00	

主管：　　　　会计：　　　　　　保管人：陈春　　　　　经手人：

附图B-89

海关进口货物交税凭证

进口单位：：新疆宏远集团公司　　　　　　　　　　　　　日期：2017年6月20日

进口货物名称	关税完税价	单位	数量	总价	关税税率	已交关税	已交增值税	已交消费税
成套化妆品	74.2万元			74.2万元	10%	7.42万元	198220元	349800元

附图B-90

中国建设银行现金支票存根 01457362 附加信息 _____ _____ 出票日期 2017年6月20日 收 款 人：阿拉山口海关 金 额：¥622220.00 用 途：支付进口税金 单位主管　会计	付款期限自出票之日起十天	中国建设银行 现金支票（新）　　01457362 出票日期(大写) 贰零壹染年零陆月贰拾日　　付款行名称：建行昌吉北京路分理处 收款人：阿拉山口海关　　出票人账号：1765248956321478658 人民币（大写）陆拾贰万贰仟贰佰贰拾元整　　亿千百十万千百十元角分　　¥622220000 用途 支付进口税金　　科目（借）_____ 上列款项请从我账户内支付　　对方科目（贷）_____ 　　付讫日期　年　月　日 出票人签章　　　　复核　　　　　记账

附图B-91

中国建设银行 现金支票存根 01457363	中国建设银行 现金支票（新）　01457363

出票日期(大写) 贰零壹柒年零陆月贰拾日　付款行名称：建行昌吉北京路分理处

付款人：苉姬化妆品公司　　出票人账号：1765248956321478658

附加信息
_____

出票日期 2017年6月20日

人民币 （大写）	柒拾肆万贰仟元整	亿	千	百	十	万	千	百	十	元	角	分
				¥	7	4	2	0	0	0	0	0

收款人：苉姬化妆品
公司

金　额：¥742000.00

用　途：支付进口货款

用途 支付进口货款
上列款项请从我账户内支付

科目（借）_____
对方科目（贷）_____
付讫日期　年　月　日

出票人签章　　　复核　　　记账

单位主管　　会计

付款期限自出票之日起十天

附图B-92

收　据

2017年12月25日　　　0000431

交款人	天立公司	付款方式	现金							
交款事由	实木地板包装物押金（6个月）									
金额（大写）	玖仟叁佰陆拾元整		十	万	千	百	十	元	角	分
				¥	9	3	6	0	0	0

主管：　　　会计：　　　出纳：赵新红　制单：　　交款人：李强

第三联 记账联

附图B-93

出　库　单

领用单位：生产车间　　用途：委托加工化妆品　　2017年6月20日

品名规格	单位	数量	单价	金额	备注
化妆品材料	批	1		100000.00	
小　计				100000.00	

领料人：王新燕　　库号：3　　保管：陈玉燕

附图B—94

收 据

2017年6月20日

0000432

交款人	新疆宏远集团公司	付款方式	现金

交款事由	辅助资料费		

金额（大写）	肆仟元整	十	万	千	百	十	元	角	分
			￥	4	0	0	0	0	0

主管：　　　会计：　　　出纳：王平　　　制单：　　　交款人：王刚

第二联　收据联

附图B—95

6500132130

No 00224446

6500132130

00224446

开票日期：2017年06月20日

购买方	名　　　称：新疆宏远集团公司 纳税人识别号：91652301432806261F 地址、电话：昌吉市南五工路99号 23455412 开户行及账号：建行昌吉市北京路分理处 1765248956321478658	密码区	750066<98/198533204+< 63<+64<->876*98</8765 />+216>2>612-+47561<> +782-/5432<4*-62>>>01

货物或应税劳务、服务名称	规格型号	单位	数量	单价	金额	税率	税额
加工费					36000.00	17%	6120.00
合　计					￥36000.00		￥6120.00

价税合计（大写）	⊗肆万贰仟壹佰贰拾元整	（小写）￥42120.00

销售方	名　　　称：少颜化妆品公司 纳税人识别号：916501011191444445S 地址、电话：昌吉市北京路23号23466889 开户行及账号：北京路信用社 80610401201100045678	备注	少颜化妆品公司 916501011191444445S 发票专用章

收款人：　　　复核：　　　开票人：李梅　　　销售方（章）：

第二联　抵扣联　购买方记账凭证

附图B-96

6500133140

新疆增值税专用发票   No 00223336

此联不作扣税凭证

6500133140
00223336

开票日期：2017年06月30日

| 购买方 | 名　　称：昌吉海星公司
纳税人识别号：91650101119144444H
地址、电话：昌吉市北京南路203号23466888
开户行及账号：北京路信用社 8061040101201100045678 | | | | | 密码区 | 750066<98/198533204+<
63<+64<->876*98</8765
/>+216>2>612-+47561<>
+782-/5432<4*-62>>>01 | | |

货物或应税劳务、服务名称	规格型号	单位	数量	单价	金额	税率	税额
化妆品					300000.00	17%	51000.00
合　计					¥ 300000.00		¥ 51000.00

价税合计（大写）	⊗叁拾伍万壹仟元整　　　（小写）¥ 351000.00

| 销售方 | 名　　称：新疆宏远集团公司
纳税人识别号：91652301432806261F
地址、电话：昌吉市南五工路99号 23455412
开户行及账号：建行昌吉市北京路分理处
1765248956321478658 | 备注 | 新疆宏远集团公司
91652301432806261F
发票专用章 |

收款人：　　　　　复核：　　　　　开票人：赵新虹　　　　　销售方（章）：

第一联 记账联 销售方记账凭证

项目五任务一原始凭证

附图B-97

河北增值税普通发票   N003125578

开票日期：2017年8月12日

| 购买方 | 名　　称：北京房山对外贸易有限公司
纳税人识别号：9111011732154478G
地址、电话：北京房山区良乡路78号 011-11708898
开户行及账号：工行房山支行 2226108878 | | | | | 密码区 | 67/*+3*0/611*++0/+0*/*+3+2/9
11+66666**066611*+66666*
1**+216***6000*261*2*4/*547
203994+-42*64151*6915361/3* | | |

货物或应税劳务、服务名称	规格型号	单位	数量	单价	金额	税率	税额
电扇	P3C-11	台	500	150.00	75000.00	17%	12750.00
合　计					75000.00		¥ 12750.00

价税合计（大写）	捌万柒仟柒佰伍拾元整　　（小写）¥ 87750.00

| 销售方 | 名　　称：河北大新电器有限责任公司
纳税人识别号：9113060213530368X
地址、电话：0312-5977888
开户行及账号：工行冀北支行 2270409332 | 备注 | 河北大新电器有限责任公司
9113060213530368X
发票专用章 |

收款人：李琦　　　复核：王帆　　　开票人：张庚　　　销售方：章

国税函（2014）257 号浙江印刷厂

第三联：发票联 购买方记账凭证

附图B-98

验 收 单

发票号码：*03125578*   *2017年8月15日*

供货单位：*河北大新电器有限责任公司*   收货仓库：*01*

商品类别	商品名称	数量	单价	金额	备注
电器	电扇	500	150.00	75000.00	
合计	人民币（大写）	柒万伍仟元整			

质量检验：*小菲*   验收人：*吴菓*   制单：*高宝田*

附图B-99

河北增值税专用发票   N003125671

开票日期：2017年9月15日

购买方	名　称：	北京房山对外贸易有限公司		密码区	67/*+3*0/611*++0/+0*/*+3+2/9
	纳税人识别号：	9111011732154477 8G			*11+*66666**066611*+66666*
	地址、电话：	北京房山区良乡路78号 011-11708898			1**+216***6000*261*2*4/*547
	开户行及账号：	工行房山支行 2226108878			203994+-42*64151*6915361/3*

货物或应税劳务、服务名称	规格型号	单位	数量	单价	金额	税率	税额
电扇	P3C-11	台	200	145.00	29000.00	17%	4930.00
合　计					￥ 29000.00		￥ 4930.00
价税合计(大写)	整万叁仟玖佰叁拾元整				(小写) ￥113602113530368X		

销售方	名　称：	河北大新电器有限责任公司		备注	
	纳税人识别号：	9113060211353 0368X			
	地址、电话：	0312-5977888			
	开户行及账号：	工行冀北支行 2270409332			

收款人：*李琦*   复核：*王帆*   开票人：*窦乐*   销售方：章

附图B-100

验 收 单

发票号码：*03125671*   *2017年9月22日*

供货单位：*河北大新电器有限责任公司*   收货仓库：*01*

商品类别	商品名称	数量	单价	金额	备注
电器	电扇	200	145.00	29000.00	
合计	人民币（大写）	贰万玖仟元整			

质量检验：*小菲*   验收人：*何涛*   制单：*高宝田*

附图B-101

中华人民共和国海关出口货物报关单

预录入编号：　　　　　　　　　　　　　　　　　　　　　　　　海关编号：

出口口岸 北京平谷		备案号	出口日期 2017.10.21	申报日期 2017.10.21
经营单位 北京房山对外贸易有限公司		运输方式 陆路运输	运输工具名称 货车专列	提运单号 TL01365532
发货单位		贸易方式 一般贸易	征免性质 免	结汇方式 电汇
许可证号 11215681065	运抵国（地区） 俄罗斯		指运港 海参崴	境内货源地 北京平谷
批准文号 011007654	成交方式 FOB	运费	保费	杂费
合同协议号	件数 700	包装种类 纸箱	毛重（公斤） 7938	净重（公斤） 7122
集装箱号 011	随附单据 1		生产厂家	

标记唛码及备注

项号	商品编号	商品名称、规格型号	数量及单位	最终目的国 （地区）	单价	总价	币制	征免
022	8414599099	电扇	700台	俄罗斯	21.57	15099.00	USD	免

税费征收情况

录入员　　　　录入单位　　　兹声明以上申报无讹并承担法律责任	海关审单批注及放行日期（签章）	
	审单	审价
报关员 何翠超	征税	
单位地址 北京市平谷区越山路平衡大道206号		
邮编 101200	电话	填制日期 2017.10.21	查验	放行

北京平谷通华物流有限公司
报关专用章

中华人民共和国北京平谷海关
验讫章

附图B-102

北京市出口货物销售统一发票

No 011789978

		合同号码 Contract No.	01123065
		日期	2017.10.21

装船口岸 Form	北京平谷	目的地 To	俄罗斯海参崴
信用证号数： Letter of Credit No.		开户银行 Issued by	工行房山支行

唛号	货物名称	单位	数量	单价	总值
011	电扇	台	700	21.57 $	15099 $
				TOTAL:	

开票单位：北京房山对外贸易有限公司　　　　开票人：何伟航

项目五任务二原始凭证

附图B-103

附图B-104

中国工商银行 电汇凭证（回单）　　1

□普通 □加急　　　　　　委托日期：*2017年5月3日*

汇款人	全　称	河北省冀北市刘恋醉酒厂	收款人	全　称	河北省保定市富康粮食储备公司
	账　号	7230409666		账　号	6217230409000533567
	汇出地点	河北　省冀北　市/县		汇入地点	河北　省保定　市/县
	汇出行名称	工行遂州支行		汇入行名称	工行址舫头支行

金额	人民币（大写）	壹拾万零贰仟陆佰柒拾伍元整	亿	千	百	十	万	千	百	十	元	角	分
				¥	1	0	2	6	7	5	0	0

票证安全码

附加信息及用途：

购买高粱（原材料）25吨

复核：任前　　记账：田亮

（中国工商银行遂州支行 转讫 汇出行签章）

附图B-105

验收单

发票号码：22658299　　　　　　　　　　2017年5月3日

供货单位：河北省保定市富康粮食储备公司　　　　　　　　　　收货仓库：02

商品类别	商品名称	数量	单价	金额	备注
原料	高粱	25	3700.00	92500.00	
合计	人民币（大写）	玖万贰仟伍佰元整			

质量检验：宫芳　　　　　收料：崔静　　　　　制单：何甜甜

附图B-106

中华人民共和国
税收收入退还书

填发日期：2017年 5 月 8 日

注册类型：　　　　　　　（　）冀国退电　　　号　　　　　税务机关：

预算科目	编　码	104040301	收款单位（人）	代　码	130607321778544
	名　称	出口货物退还增值税		全　称	河北省冀北市刘恋醉酒厂
	级　次	中央100%		开户银行	工行遂州支行
退款国库		冀北国库		账　号	7230409666

退库性质	原税款征收品目名称	退库金额
出口退税	其他制造业	18120.25
金额合计	（大写）壹万捌仟壹佰贰拾元贰角伍分	￥18120.25

税 务 机 关	上述款项已办妥退库手续 并划转收款单位账户 2017.05.08 转讫 国库（银行）盖章 年 月 日	备 注
（盖章） 负责人 功曹 印立 （章） 填票人 来官文 （章）		

附图B-107

河北增值税普通发票　　N026558922

1300164320
26558922

1300164320
4199

开票日期：2017年5月12日

购买方	名　称：	北京惠发商场有限责任公司	密码区	67/*+3*0/611*++0/+0*/*+3+2/9
	纳税人识别号：	91110117154477832U		*11*+66666**066611*+66666*
	地址、电话：	北京房山区谷良峪大道478号 010-55768892		1**+216***6000*261*2*4/*547
	开户行及账号：	工行房山支行 2226103268		203994+-42*64151*6915361/3*

货物或应税劳务、服务名称	规格型号	单位	数量	单价	金额	税率	税额
粮食白酒		千克	2450	12.00	29400.00	17%	4998.00
合　计					￥ 29400.00		￥ 4998.00

价税合计（大写）　　叁万肆仟叁佰玖拾捌元整　　　　　　（小写）￥ 34398.00

销售方	名　称：	河北省冀北市刘恋醉酒厂	备注	
	纳税人识别号：	9113060732177 8544X		
	地址、电话：	冀北市遂州区醉路118号 0313-5759713		
	开户行及账号：	工行遂州支行 7230409666		

收款人：廖静茹　　　复核：田连元　　　开票人：顾皖芳　　　销售方：章

第一联：记账联 销售方记账凭证

国字函（2014）257号浙江印制厂

附图B-108

中华人民共和国海关出口货物报关单

预录入编号：　　　　　　　　　　　　　　　　　　　　　　　　　海关编号：

出口口岸 天津海关	备案号	出口日期 2017.05.28	申报日期 2017.05.28
经营单位 河北省冀北市刘恋醉酒厂	运输方式 江海运输	运输工具名称 BUEKCY110/452	提运单号 KHCLB668468
发货单位	贸易方式 一般贸易	征免性质 一般征税	结汇方式 电汇

许可证号 13065661205	运抵国（地区） 日本	指运港 横滨	境内货源地 河北省冀北市
批准文号 170042415	成交方式 FOB	运费	保费	杂费
合同协议号	件数 525	包装种类 纸箱（玻璃瓶）	毛重（公斤） 5040	净重（公斤） 3150
集装箱号	随附单据 02		生产厂家	

标记唛码及备注

项号	商品编号	商品名称、规格型号	数量及单位	最终目的国 （地区）	单价	总价	币制	征免
22	2208909001	粮食白酒	525箱	日本	16.20	8505.00	USD	照章征税

税费征收情况

录入员	录入单位	兹声明以上申报无讹并承担法律责任	海关审单批注及放行日期（签章）	
报关员			审单	审价
单位地址		申报单位（签章） 天津太恒物流有限责任公司 电话报关专用章	征税	统计
邮编		填制日期 2017.05.28	查验　验讫章	放行

附图B-109

河北省出口货物销售统一发票

No 01779588

合同号码 Contract No.	1705004
日期	2017.05.28

装船口岸 From	天津海关	目的地 To	日本横滨

信用证号： Letter of Credit No.		开户银行 Issued by	

唛号	货物名称	单位	数量	单价	总值
	粮食白酒	箱	525	16.20 $	8505 $
				TOTAL:	

开票单位：河北省冀北市刘恋醉酒厂　　　　　开票人：何超

（印章：河北省冀北市刘恋醉酒厂　91130607321778544X　发票专用章）

项目六任务一情境一原始凭证

附图B-110

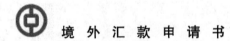

境外汇款申请书
APPLICATION FOR FUNDS TRANSFERS （OVERSEAS）

致：中国银行
TO：BANK OF CHINA

日期
Date

□电汇T/T □票汇D/D □信汇M/T	发电等级 Priority	□普通 Normal □加急 Urgent

	申报号码 BOP Reporting No.	□□□□□ □□□□ □□ □□□□□ □□□□		
20	银行业务编号 Bank Transac. Ref. No.	34781546	收电行/付款行 Receiver / Drawn on	25378134
32A	汇款币种及金额 Currency & Interbank Settlement Amount	USD48000	金额大写 Amount in Words	SAY US DOLLARS FOURTY EIGHT THOUSAND ONLY.
其中	现汇金额 Amount in FX	USD48000	账号 Account No./Credit Card No.	
	购汇金额 Amount of Purchase		账号 Account No./Credit Card No.	
	其他金额 Amount of Others		账号 Account No./Credit Card No.	
50a	汇款人名称及地址 Remitter's Name & Address	万达有限责任公司　宁波新城路89号4座5078		

（续表）

□对公 组织机构代码 Unit Code □□□□□□□□-□	□对私	个人身份证件号码 Individual ID NO.
		□中国居民个人 Resident Individual
		□中国非居民个人 Non-Resident Individual

54/56a	收款银行之代理行名称及地址 Correspondent of Beneficiary's Bank Name & Address	....

57a	收款人开户银行名称及地址 Beneficiary's Bank Name & Address	收款人开户银行在其代理行账号 Bene's Bank A/C No.
		Standard Charteed Bank,London Branch

59a	收款人名称及地址 Beneficiary's Name & Address	收款人账号 Bene's A/C No.　687476131
		WELTEX CO.LTD

70	汇款附言 Remittance Information	只限140个字位 Not Exceeding 140 Characters	71A	国内外费用承担 All Bank's Charges If Any Are To Be Borne By □汇款人OUR □收款人BEN □共同SHA

收款人常驻国家（地区）名称及代码 Resident Country/Region Name & Code　□□□

请选择：□预付货款 Advance Payment　□货到付款 Payment Against Delivery　□退款 Refund　最迟装运日期
　　　　□其他 Others

交易编码 BOP Transac. Code □□□□□□ □□□□□□	相应币种及金额 Currency & Amount	交易附言 Transac.Remark	

本笔款项是否为报税货物项下付款　□是　□否　合同号　　　　发票号

外汇局批件/备案表号/业务编号

银行专用栏 For Bank Use Only	申请人签章 Applicant's Signature	银行签章 Bank's Signature
购汇汇率 Rate ＠	请按照贵行背页所列条款代办以上汇款并进行申报 Please Effect The Upwards Remittance, Subject To The Conditions Overleaf:	
等值人民币 RMB Equivalent		
手续费 Commission		
电报费 Cable Charges		
合计 Total Charges		核准人签字 Name of Approver 日期 Date
支付费用方式 In Payment of the Remittance □现金 by Cash □支票 by Check □账户 from Account	申请人姓名 Name of Applicant 电话 Phone No.	
核印 Sig. Ver.	经办 Maker	复核 Checker

填 写 前 请 仔 细 阅 读 各 联 背 面 条 款 及 填 报 说 明
Please read the conditions and instructions overleaf before filling in this application

附图B-111

海关进（出）口关税缴款书

收入系统：海关系统　　填发日期：2017 年7月5 日

收款单位	收入机关	中央金库		缴款单位	名称	万达有限责任公司
	科目	进口关税	预算级次 中央		账号	1402027104311502430
	收款国库	上海支库			开户银行	工商银行上海分行

税号	货物名称	数量	单位	完税价格（¥）	税率（%）	税款金额（¥）
4317126	钢材	100	吨	312000.00	30	93600.00
金额人民币（大写）玖万叁仟陆佰元整				合计		93600.00

申请单位编号	16731	报送单编号	181	填制单位	收款国库（银行）
合同号	24841	运输工具（号）	25751	中华人民共和国上海海关 单证专用章 制单人 复核人	中国工商银行上海分行 2017.7.5 转讫
缴款期限	2017年7月21日前	提/装货单号	1100		
备注					

附图B-112

入库单

单位：仓库　　2017年7月28日

品名	单位	单价/元	数量	金额/元	备注
钢材	吨	4056	100	405600	
合计		4056	100	405600	

记账：陈丽　　主管：赵飞　　收料：梁颖　　交库：高兴

项目六任务一情境二原始凭证

附图B-113

中国工商银行 进账单（回单或收账通知）

2017年 11 月 2 日

出票人	全　称	捷丰有限责任公司				收款人	全　称	恒通外贸公司								
	账　号	27105143031457					账　号	24731347110000								
	开户银行	工商银行天威路分理处					开户银行	工商银行红旗路分理处								
金额	人民币（大写）	叁拾贰万伍仟元整				亿	千	百	十	万	千	百	十	元	角	分
								¥	3	2	5	0	0	0	0	0
票据种类	转账支票	票据张数	1													
票据号码																
备注：销货款																

中国工商银行红旗路分理处
2017.11.2
转讫

复核　　　　记账　　　　　　　　　　收款人开户银行盖章

此联是开户银行交给持（出）票人的回单

附图B-114

中国工商银行 进账单（回单或收账通知）

2017年 11 月 17 日

出票人	全　称	捷丰有限责任公司				收款人	全　称	恒通外贸公司								
	账　号	27105143031457					账　号	24731347110000								
	开户银行	工商银行天威路分理处					开户银行	工商银行红旗路分理处								
金额	人民币（大写）	陆万伍仟元整				亿	千	百	十	万	千	百	十	元	角	分
									¥	6	5	0	0	0	0	0
票据种类	转账支票	票据张数	1													
票据号码																
备注：进口关税																

中国工商银行红旗路分理处
2017.11.17
转讫

复核　　　　记账　　　　　　　　　　收款人开户银行盖章

此联是开户银行交给持（出）票人的回单

附图B-115

中国工商银行　进 账 单（回单或收账通知）

2017年 11月 17日

出票人	全　　称	捷丰有限责任公司			收款人	全　　称	恒通外贸公司										
	账　　号	27105143031457				账　　号	24731347110000										
	开户银行	工商银行天威路分理处				开户银行	工商银行红旗路分理处										
金额	人民币（大写）	壹万三仟元整					亿	千	百	十	万	千	百	十	元	角	分
										¥	1	3	0	0	0	0	0
票据种类	转账支票	票据张数		1													
票据号码																	
备注：代理手续费																	
复核		记账															

中国工商银行红旗路分理处

2017.11.17

转讫

收款人开户银行盖章

附图B-116

入 库 单

单位：仓库　　　　2017年7月28日

品　名	单　位	单价/元	数　量	金额/元	备　注
木材	吨	4030	100	403000	
合计		4030	100	403000	

记账：孙丰　　　主管：陈丽　　　　收料：赵珊　　　　交库：李洁

项目六任务二原始凭证

附图B-117

中国银行股份有限公司机构外汇活期转账/结汇凭条

填制日期：2017年6月29日　　　　　　　　　　NO.0562527

付款方	机构名称	上海洁泰实业有限责任公司	收款方	机构名称	上海新诚实业有限责任公司											
	账　号	31002513765787283		账　号	31002513765787281											
	开户银行	中国银行上海市卢湾支行		开户银行	中国银行上海市卢湾支行											
币别金额	（大写）	美元叁拾捌万肆仟壹佰贰拾元整				十亿	千	百	十	万	千	百	十	元	角	分
		人民币贰佰叁拾叁万捌仟玖佰零陆元陆角捌分				U	S	D	3	8	4	1	2	0	0	0
						C	N	Y	2	3	3	8	9	0	6	6	8
牌价	608.90/100			金额												
用途	美国SKD INC. 出口合同：2014年019　　出口发票：SHTMM19915 项下货款结汇															
备注	支付密码：		印鉴													

经办：　　　　　　　　复核：　　　　　　　　　　核印：

附图B–118

中国银行股份有限公司机构外汇活期转账/结汇凭条

填制日期：2017年6月29日　　　　No.0562527

付款方	机构名称	上海洁泰实业有限责任公司	收款方	机构名称	上海新诚实业有限责任公司
	账号	31002513765787283		账号	31002513765787281
	开户银行	中国银行上海市卢湾支行		开户银行	中国银行上海市卢湾支行
币别金额	（大写）	美元叁拾捌万肆仟壹佰贰拾元整		十亿千百十万千百十元角分	USD38412000
		人民币贰佰叁拾叁万捌仟玖佰零陆元陆角捌分			
牌价	608.90/100			金额	CNY233890668
用途	美国SKD INC. 出口合同：2014P019 出口发票：SHTMM19975 项下货款结汇				
备注	支付密码：		印鉴		

经办：　　复核：　　核印：

第四联 收入单位留存联

附图B–119

海关进（出）口关税缴款书

收入系统：海关系统　　填发日期：2017年6月5日

收款单位	收入机关	中央金库	缴款单位	名称	上海新诚实业有限责任公司
	科目	出口关税　预算级次　中央		账号	14020271050038645
	收款国库	上海支库		开户银行	工商银行上海分行

税号	货物名称	数量	单位	完税价格（¥）	税率（%）	税款金额（¥）
641738256	氢氟酸	2000	吨	1949088.9	20	389817.78
金额人民币（大写）叁拾捌万玖仟捌佰壹拾柒元柒角捌分					合计	389817.78

申请单位编号	2714	报送单编号	382	填制单位	收款国库（银行）
合同号	5741	运输工具（号）	4325		
缴款期限	2017年6月21日前	提/装货单号	2810		中国工商银行上海分行 2017.6.5 转讫
备注				制单 复核 中华人民共和国上海海关北港港区 电子完税认定章	

项目六任务三原始凭证

附图B-120

 境 外 汇 款 申 请 书

APPLICATION FOR FUNDS TRANSFERS（OVERSEAS）

致：中国银行
TO：BANK OF CHINA

日期
Date

□ 电汇T/T □ 票汇D/D □ 信汇M/T	发电等级 Priority	□ 普通 Normal □ 加急 Urgent

申报号码 BOP Reporting No.	□□□□□□ □□□□ □□ □□□□□□ □□□□		
20	银行业务编号 Bank Transac. Ref. No.	34781549	收电行/付款行 Receiver / Drawn on	中国银行西城区支行
32A	汇款币种及金额 Currency & Interbank Settlement Amount	USD60000	金额大写 Amount in Words	SAY US DOLLARS SIXTY THOUSAND ONLY.
其中	现汇金额 Amount in FX	USD60000	账号 Account No./Credit Card No.	1402028105333340257
	购汇金额 Amount of Purchase		账号 Account No./Credit Card No.	
	其他金额 Amount of Others		账号 Account No./Credit Card No.	
50a	汇款人名称及地址 Remitter's Name & Address	百益外贸公司　北京市西城区530号		

□对公 组织机构代码 Unit Code □□□□□□□□-□	□对私	个人身份证件号码 Individual ID NO. □中国居民个人Resident Individual □中国非居民个人Non-Resident Individual

54/56a	收款银行之代理行名称及地址 Correspondent of Beneficiary's Bank Name & Address	
57a	收款人开户银行名称及地址 Beneficiary's Bank Name & Address	收款人开户银行在其代理行账号 Bene's Bank A/C No. Standard Charteed Bank,London Branch
59a	收款人名称及地址 Beneficiary's Name & Address	收款人账号 Bene's A/C No.　687476131 WELTEX CO.LTD

70	汇款附言 Remittance Information	只限140个字位 Not Exceeding 140 Characters	71A	国内外费用承担 All Bank's Charges If Any Are To Be Borne By □汇款人OUR □收款人BEN □共同SHA

收款人常驻国家（地区）名称及代码 Resident Country/Region Name & Code		□□□
请选择：□预付货款 Advance Payment □货到付款 Payment Against Delivery □退款 Refund □其他 Others		最迟装运日期

交易编码 BOP Transac. Code	□□□□□□ □□□□□□	相应币种及金额 Currency & Amount	交易附言 Transac.Remark
本笔款项是否为报税货物项下付款	□是 □否	合同号	发票号

（续表）

外汇局批件/备案表号/业务编号		
银行专用栏 For Bank Use Only	申请人签章 Applicant's Signature	银行签章 Bank's Signature
购汇汇率 Rate @	请按照贵行背页所列条款代办以上汇款并进行申报 Please Effect The Upwards Remittance, Subject To The Conditions Overleaf:	
等值人民币 RMB Equivalent		
手续费 Commission		
电报费 Cable Charges		
合计 Total Charges		
支付费用方式 In Payment of the Remittance　□ 现金 by Cash　□ 支票 by Check　□ 账户 from Account	申请人姓名 Name of Applicant 电话 Phone No.	核准人签字 Name of Applicant 日期 Date
核印 Sig. Ver.	经办 Maker	复核 Checker

填 写 前 请 仔 细 阅 读 各 联 背 面 条 款 及 填 报 说 明
Please read the conditions and instructions overleaf before filling in this application

附图B-121

海关进（出）口关税缴款书

收入系统：**海关系统**　　　　　填发日期：*2017 年 12 月 7 日*

收款单位	收入机关		*中央金库*		缴款单位	名　称	*百益外贸公司*	
	科　目	*进口关税*	预算级次	*中央*		账　号	*1402028 10533340257*	
	收款国库	*北京支库*				开户银行	*中国银行西城区支行*	

税号	贷物名称	数量	单位	完税价格（￥）	税率（%）	税款金额（￥）
731147851	*大米*	*200*	*吨*	*390000*	*30*	*117000*

金额人民币（大写）	*壹拾壹万染仟元整*		合计	*117000*
申请单位编号 *1731*	报送单编号 *2844*	填制单位	收款国库（银行）	
合同号 *5743*	运输工具（号） *4677*			
缴款期限 *2017年12月21日前*	提/装货单号 *1865*		2017.12.7	
备注		制单人 复核人		

附图B-122

入 库 单

单位：仓库　　　　　　　　2017年12月10日

品　名	单　位	单价/元	数　量	金额/元	备　注
大米	吨	2535	200	507000	
合　计		2535	200	507000	

记账：李明　　　　主管：陈艳　　　　　收料：赵登　　　　　交库：李洁

附图B-123

中国银行　进账单（回单或收账通知）

2017年12月18日

出票人	全　　称	信和有限责任公司				收款人	全　　称	百益外贸公司										此联是收款人开户银行交给人的收账通知
	账　　号	3214102151200123					账　　号	1402028105333340257										
	开户银行	中国银行翔安分理处					开户银行	中国银行西城区支行										
金额	人民币（大写）	贰佰万元整					亿	千	百	十	万	千	百	十	元	角	分	
								￥	2	0	0	0	0	0	0	0	0	
票据种类	转账支票	票据张数	1			中国银行西城区支行 2017.12.18 转讫												
票据号码																		
备注：预付货款																		
单位主管　　会计　　复核　　证账						收款人开户银行盖章												

附图B-124

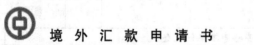

境 外 汇 款 申 请 书

APPLICATION FOR FUNDS TRANSFERS（OVERSEAS）

致：中国银行
TO：BANK OF CHINA

日期
Date

		□电汇T/T □票汇D/D □信汇M/T	发电等级 Priority	□普通 Normal □加急 Urgent
申报号码 BOP Reporting No.		□□□□□□ □□□□ □□	□□□□□□ □□□□	
20	银行业务编号 Bank Transac. Ref. No.	254213	收电行/付款行 Receiver / Drawn on	中国银行西城区支行
32A	汇款币种及金额 Currency & Interbank Settlement Amount	USD180000	金额大写 Amount in Words	SAY US DOLLARS ONE HUNRED AND ELGHTY THOUSAND ONLY.

（续表）

其中	现汇金额 Amount in FX	USD180000	账号 Account No./Credit Card No.	140202810533340257
	购汇金额 Amount of Purchase		账号 Account No./Credit Card No.	
	其他金额 Amount of Others		账号 Account No./Credit Card No.	

50a	汇款人名称及地址 Remitter's Name & Address	百益外贸公司　北京市西城区530号

□对公 组织机构代码 Unit Code □□□□□□□□-□ | □对私 | 个人身份证件号码 Individual ID NO.
□中国居民个人Resident Individual
□中国非居民个人Non-Resident Individual

54/56a	收款银行之代理行 名称及地址 Correspondent of Beneficiary's Bank Name & Address	
57a	收款人开户银行名称及地址 Beneficiary's Bank Name & Address	收款人开户银行在其代理行账号 Bene's Bank A/C No. Standard Charteed Bank,London Branch
59a	收款人名称及地址 Beneficiary's Name & Address	收款人账号 Bene's A/C No.　687476131 WELTEX CO.LTD

70		只限140个字位 Not Exceeding 140 Characters	71A	国内外费用承担
	汇　款　附　言 Remittance Information			All Bank's Charges If Any Are To Be Borne By □汇款人OUR □收款人BEN □共同SHA

收款人常驻国家（地区）名称及代码 Resident Country/Region Name & Code　□□□

请选择：□ 预付货款 Advance Payment　□ 货到付款 Payment Against Delivery　□ 退款 Refund　最迟装运日期
　　　　□ 其他 Others

交易编码 BOP Transac. Code	□□□□□□ □□□□□□	相应币种及金额 Currency & Amount		交易附言 Transac.Remark	

本笔款项是否为报税货物项下付款　□是　□否　合同号　　　发票号

外汇局批件/备案表号/业务编号

银行专用栏 For Bank Use Only		申请人签章 Applicant's Signature	银行签章 Bank's Signature
购汇汇率 Rate　@		请按照贵行背页所列条款代办以上 汇款并进行申报 Please Effect The Upwards Remittance, Subject To The Conditions Overleaf:	
等值人民币 RMB Equivalent			
手续费 Commission			
电报费 Cable Charges			
合计 Total Charges		申请人姓名 Name of Applicant 电话 Phone No.	核准人签字 Name of Applicant 日期 Date
支付费用方式 In Payment of the Remittance	□ 现金 by Cash □ 支票 by Check □ 账户 from Account		
核印 Sig. Ver.		经办 Maker	复核 Checker

填 写 前 请 仔 细 阅 读 各 联 背 面 条 款 及 填 报 说 明
Please read the conditions and instructions overleaf before filling in this application

附图B-125

海关进（出）口关税缴款书

收入系统：海关系统　　　　填发日期：2017年12月22日

收款单位	收入机关	中央金库			缴款单位	名称	百益外贸公司
	科目	进口关税	预算级次	中央		账号	140202810533340257
	收款国库	北京支库				开户银行	中国银行西城区支行
税号	货物名称	数量	单位	完税价格（¥）	税率（%）	税款金额（¥）	
240035163	铁矿石	300	吨	1170000	20	23400	
金额人民币（大写）	贰拾叁万肆仟元整				合计	234000	
申请单位编号	1541	报送单编号	2521	填制单位		收款国库（银行）	
合同号	1131	运输工具（号）	2411	中华人民共和国北京海关 单证专用章		中国银行西城区支行 2017.12.22 转讫	
缴款期限	2018年1月5日前	提/装货单号	4325				
备注				制单人 复核人			

附图B-126

中国银行　进账单（回单或收账通知）

2017年12月23日

出票人	全　称	百益外贸公司	收款人	全　称	百益外贸公司
	账　号	140202810533340257		账　号	3214102151200123
	开户银行	中国银行西城区支行		开户银行	中国银行西城路支区
金额	人民币（大写）	叁拾贰万贰仟贰佰贰拾元整		亿 千 百 十 万 千 百 十 元 角 分	¥ 3 2 2 2 2 0 0 0
票据种类	转账支票	票据张数	1		
票据号码				中国银行西城区支行 2017.12.23 转讫	
注：退回多付货款					
复核　　证账				收款人开户银行盖章	

此联是开户银行交给持（出）票人的回单

附图B-127

中国银行股份有限公司机构外汇活期转账/结汇凭条

填制日期：2017年12月25日　　　　　　　　　　No.0562528

付款方	机构名称	百益外贸公司		收款方	机构名称	百益外贸公司												
	账　号	14202810533340257			帐　号	14202810533340257											
	开户银行	中国银行西城区支行			开户银行	中国银行西城区支行											
币别金额	（大写）	美元壹拾贰万元整 人民币贰佰柒拾捌万元整				十亿	千	百	十万	千	百	十	元	角	分		
							USD	1	2	0	0	0	0	0	0	0	
牌价		650.0071.00		金　额			CNY		7	8	0	0	0	0	0	0	0
用途	美国SKD INC. 进口合同：2014P019			出口发票：SHTMM12915 项下货款结汇													
备注	支付密码：			印鉴													

经办：　　　　　　复核：　　　　　　　　　核印：

附图B-128

海关进（出）口关税缴款书

收入系统：海关系统　　　　　填发日期：2017年12月27日

收款单位	收入机关	中央金库			缴款单位	名　称	百益外贸公司	
	科　目	出口关税	预算级次	中央		账　号	14020271050038645	
	收款国库	北京支库				开户银行	中国银行西城区支行	

税号	贷物名称	数量	单位	完税价格（￥）	税率（%）	税款金额（￥）
641738257	服装			650000	20	130000

金额人民币（大写）　壹拾叁万元整			合计	130000
申请单位编号	2713	报送单编号	383	
合同号	5740	运输工具（号）	4326	
缴款期限	2018年1月11日前	提/装货单号	2811	
备注				

制单人
复核人　　　收款国库（银行）

项目七任务一原始凭证

祈州市销售（转让）房地产专用发票

												（2008）	
												乙1 0573326	
			No.										
付款单位（个人）：××有限公司								2017年4月10日					
房屋（土地）地址			祈州市××小区						合同号			001	
项　　　　目	房屋（土地）面积	单价		金额									备注
			百	十	万	千	百	十	元	角	分		
销售商住写字楼	1000平方米	7000	7	0	0	0	0	0	0	0	0		
人民币金额合计（小写）			7	0	0	0	0	0	0	0	0		
人民币金额合计（大写）			柒佰万元整										
收款单位（盖章有效）			开票人：吴××					收款人：李××					

本次售楼共有10笔，总金额7 000万元，相类似的发票共10张。

房屋开发成本明细分类账

2017年4月

二级账户：房屋开发　　　　　　　三级账户：写字楼工程　　　　　　　金额单位：元

2017年		凭证号数	摘要	土地征用及拆迁补偿或批租地价	前期工程费	基础设施费	建筑安装工程费	配套设施费	开发设施费	合　计
月	日									
			月初余额							
		略	本月费用	5300000	800000	3000000	13670000	8200000	2000000	32970000
		略	期末余额	5300000	800000	3000000	13670000	8200000	2000000	32970000

项目七任务二原始凭证

附图B-131

						No 03488334

1300053140　　山西增值税专用发票　　No 03488334

此联不作扣税凭证

1300053140
03488334
开票日期：2017年11月01日

购买方	名　　　称：山西四喜贸易有限公司 纳税人识别号：91130605553612599U 地址、电话：晋北市平安路58号28891555 开户行及账号：工商银行平安路分理处444786125824564	密码区	+*31/27>14<19475-5<6> +->**8<-9+*->67>15666 04>19393/++522*>99882 -5+/<2*>>0<<19*200>>410

第一联　记账联　销售方记账凭证

货物或应税劳务、服务名称	规格型号	单位	数量	单价	金额	税率	税额
原煤		吨	360	550.00	198000.00	17%	33660.00
合　计					¥198000.00		¥33660.00

价税合计（大写）	⊗贰拾叁万壹仟陆佰陆拾元整	（小写）¥231660.00

销售方	名　　　称：山西晋北翱翔煤矿有限责任公司 纳税人识别号：91140109625993035X 地　址、电话：山西省晋北市红旗路888号 28876558 开户行及账号：工商银行红旗路分理处 8055300022033668855	备注	山西晋北翱翔煤矿有限责任公司 91140109625993035X 发票专用章

收款人：姚越　　　　复核：　　　　开票人：常京　　　　销售方（章）：

附图B-132

中国工商银行　进账单（收账通知）　3

2017年 11月 01日

出票人	全　　称	山西四喜贸易有限公司		收款人	全　　称	山西晋北翱翔煤矿有限责任公司									
	账　　号	444786125824564			账　　号	8055300022033668855									
	开户银行	工商银行平安路分理处			开户银行	工商银行红旗路分理处									

金额	人民币 （大写）	贰拾叁万壹仟陆佰陆拾元整	亿	千	百	十	万	千	百	十	元	角	分
				¥	2	3	1	6	6	0	0	0

中国工商银行红旗路分理处
2017.11.01
转讫

票据种类	转账支票	票据张数	1
票据号码			

备注：销货款

此联是收款人开户银行交给收款人的收账通知

复核　　　　　记账　　　　　　　　　　　收款人开户银行盖章

附图B-133

出 库 单

单位：销售部　　　　　　　　　　2017年11月1日

品名	单位	单价/元	数量	金额/元	备注
原煤	吨	550.00	360	198000.00	
合计		550.00	360	198000.00	

负责人：辛乐　　　　　　　　　　　　经手人：杨慧

附图B-134

1300053140	山西增值税专用发票 此联不作扣税凭证	No 03488336

1300053140
03488336
开票日期：2017年11月05日

购买方	名　　　称：山西希望实业有限公司 纳税人识别号：91140105553612599A 地址、电话：晋北市小后屯街43号76580175 开户行及账号：工商银行希望路分理处321786125827777	密码区	+*31/27>14<19475-5<6> +->**8<-9+*->67>15666 04>19393/++522*>99882 -5+/<2*>>0<<19*200>

货物或应税劳务、服务名称	规格型号	单位	数量	单价	金额	税率	税额
天然气		千立方米	1500	3000.00	4500000.00	13%	585000.00
合　计					¥4500000.00		¥585000.00

价税合计（大写）	⊗伍佰零捌万伍仟元整	（小写）¥5085000.00

销售方	名　　　称：山西晋北翱翔煤矿有限责任公司 纳税人识别号：91140109625993035X 地址、电话：山西省晋北市红旗路888号 28876558 开户行及账号：工商银行红旗分理处 8055300022033668855	备注	山西晋北翱翔煤矿有限责任公司 91140109625993035X 发票专用章

收款人：姚越　　　复核：　　　　开票人：常京　　　　销售方（章）：

附图B-135

出 库 单

单位：销售部　　　　　　　　　　2017年11月5日

品名	单位	单价/元	数量	金额/元	备注
天然气	千立方米	3000.00	1500	4500000.00	
合计		3000.00	1500	4500000.00	

负责人：辛乐　　　　　　　　　　　　经手人：杨慧

项目八任务四原始凭证

附图B-136

营 业 执 照

统一社会信用代码 91130501106670405I

名　　　称　河北冀诚商业公司

类　　　型　股份有限公司

住　　　所　河北省保定市腾飞路 238 号

法定代表人　李诚实

注 册 资 本　1 000 万元

成 立 日 期　2017 年 01 月 03 日

营 业 期 限　2017 年 01 月 03 日至 2037 年 01 月 02 日止

经 营 范 围　服装、鞋帽类商品

登 记 机 关

2017 年 01 月 03 日

提示：每年 1 月 1 日至 6 月 30 日通过企业信用信息公示系统报送上一年度年度报告并公示

企业信用信息公示系统网址：http://he.gsxt.gov.cn　　　中华人民共和国国家工商行政管理总局监制

附图B-137

营 业 执 照

（副本）

统一社会信用代码 91130501106670405I

名　　称	河北冀诚商业公司
类　　型	股份有限公司
住　　所	河北省保定市腾飞路 238 号
法定代表人	李诚实
注 册 资 本	1 000 万元
成 立 日 期	2017 年 01 月 03 日
营 业 期 限	2017 年 01 月 03 日至 2037 年 01 月 02 日止
经 营 范 围	服装、鞋帽类商品

登 记 机 关

2017 年 01 月 03 日

提示：每年 1 月 1 日至 6 月 30 日通过企业信用信息公示系统报送上一年度年度报告并公示

企业信用信息公示系统网址: http://he.gsxt.gov.cn　　中华人民共和国国家工商行政管理总局监制

附图B-138

中华人民共和国
国有土地使用证

中华人民共和国
房屋所有权证

附图B-139

商品购销合同

甲方（购货方）：河北冀诚商业公司　　　　　　　合同号：2012-001

乙方（销货方）：杭州飞天服装制造公司　　　　　签订日期：2012年1月5日

　　　　　　　　　　　　　　　　　　　　　　　签订地点：杭州飞天服装制造公司

根据《中华人民共和国经济合同法》及有关规定，本着平等互利的原则，经双方协商一致，签订本合同：

一、产品名称、规格、单位、数量、金额

序号	商品名称	规格型号	计量单位	数量	单价/元	金额/元
1	飞天女装		件	5500	80.00	440000.00
2	飞天男装西服		套	2000	150.00	300000.00
合计人民币金额（大写）：柒拾肆万元整				（小写）740000.00		

二、质量要求及技术标准：符合中国国家标准的原制造厂出厂标准

三、交货地点：河北省冀北市腾飞路238号—河北冀诚商业公司服装1号仓库

四、货款结算方式、时间：签订合同时购货方支付货款10%的定金，购货方验货无误后当即结算货款的20%，购货方验货无误后1个月结算货款的30%，购货方验货无误后2个月结算货款的30%；验货后3个月内结清余款。

五、运输方式和费用负担：采用汽车运输方式，运输费用及运输途中出现的所有损失均由供货方承担。

六、验收标准及异议提出期限：以生产厂家技术标准为验收标准，购货方提出异议为收到货物的当天或此日。

七、争议解决：本合同在履行过程中，若发生纠纷或异议，双方协调解决。

八：其他：本合同双方签字盖章后生效，正本一式两份，甲乙双方各执一份。

甲方：河北冀诚商业公司　　　　　　　　　　乙方：杭州飞天服装制造公司

法人代表：李诚实　　　　　　　　　　　　　法人代表：王杰出

开户银行：工商银行惠边分理处　　　　　　　开户银行：建行杭州市支行

账号：04092004011007706767　　　　　　　账号：03058432189977027

电话：0312-65332331　　　　　　　　　　　电话：0571-68885688

地址：保定市腾飞路238号　　　　　　　　　地址：杭州市顺风路88号

授权代表：李诚信　　　　　　　　　　　　　授权代表：王洁丽

项目八任务五原始凭证

附图B-140

中华人民共和国

税收通用缴款书

地

隶属关系： 冀国缴电1060628

注册类型：有限公司 填发日期：2017年10月15日 征收机关：祈州市国税局

缴款单位（人）	代码	200103767143566	预算科目	编码	
	全称	祈州市天利摩托车制造厂		名称	
	开户银行	中国农业银行祈州分行		级次	
	账号	62284060100125412	收款国库		

税款所属时期：					税款限缴期限：2017年10月20日									
税种/税目	计税金额	计税金额或销售收入	税率或单位税额	已缴或扣除额	实缴金额									
					亿	千	百	十	万	百	十	元	角	分
城建税			7%											
教育费附加			3%											
地方教育费附加			2%											
金额合计（大写）														

缴款单位（人）盖章 经办人（章）	税务机关（盖章） 签票人（章）	上列款项已收妥并划转收款单位账户。 国库（银行）盖章 年 月 日	备注：

无银行收讫章无效

第一联（收据）国库（银行）收款盖章后退缴款单位（人）作完税凭证

逾期不缴按税法规定加收滞纳金。

附图B-141

中华人民共和国

税收电子转账专用完税证（051）冀国电NO.12345678

填发日期：2017年10月15日

税务登记代码		征收机关	
纳税人全称		收款银行	
税种	级次	税款所属期	实缴金额
合计金额（大写）			
税务机关（盖章）	收款银行（盖章）	经手人（签章）	

此凭证仅作纳税人完税凭证此外无效

项目八任务六原始凭证

业务（1）原始凭证于 2017 年 7 月 5 日取得，共 2 张。

附图B-142

巨力汽车制造厂内部专设使用（销售）专用凭证

使用部门：销售科　　　　　　　　　2017年7月5日

名　称	规　格	单　位	数　量	单　价	金　额	备　注
1.8L排量汽车	一级	辆	1	150000	150000	
合计（大写）	壹拾伍万元整				150000	
董事长（签字）	意见	总经理（签字）		意见	财务经理	意见

部门主管：　　　　　　送货人：　　　　　　收货人：　　　　　　制单人：

附图B-143

出　库　单

仓　库：仓储一库　　　　　　　　　　　　　　　　　　　第1号

提货单位：销售科　　　　　　　　2017年7月5日

名　称	规　格	单　位	数　量	单　价	金　额	备　注
1.8L排量汽车	一级	辆	1	80000	80000	

负责人：王辉　　　　　　　　　　　经手人：李利

业务（2）原始凭证于 2017 年 7 月 12 日取得,共 4 张。

附图B-144

海关进口关税专用缴款书

收入系统：海关系统　　　　　填发日期 2017年7月12日　　　　　号码：945876200548

收款单位	收款机关	中央金库			缴款单位	名　称	河北省保北市巨力汽车制造厂
	科　目	进口关税	预算级别	中央		账　号	0409200401100704546
	收款国库	工商银行海淀分理处				开户银行	工商银行惠达分理处

税号	货物名称	数量	单位	完税价格（¥）	税率（%）	税款金额（¥）
91130501105970306Z	3.6L排量商务车	1	辆	400000	50	200000

金额人民币（大写）陆拾万元整				合计（¥）	600000
申请单位编号	13125801105970508	报关单编号	124859	填制单位：	收款国库（银行）
合同号	15283	运输工具（号）	458	（盖章）	
缴款期限		提/装货单号	03648506	制单人：	
备注：	一般贸易　照章征税 国际编号			复核人：	

从填发缴款书之日起限 15 日内缴纳,逾期按日征收税款总额万分之五的滞纳金。

附图B-145

海关进口增值税专用缴款书

收入系统：海关系统　　　　　填发日期 2017年7月12日　　　　　号码：945876200548

收款单位	收款机关	中央金库			缴款单位	名　称	河北省保北市巨力汽车制造厂
	科　目	进口增值税	预算级别	中央		账　号	0409200401100704546
	收款国库	工商银行海淀分理处				开户银行	工商银行惠达分理处

税号	货物名称	数量	单位	完税价格（¥）	税率（%）	税款金额（¥）
91130501105970306Z	3.6L排量商务车	1	辆	400000	17	68000

金额人民币（大写）肆拾陆万捌仟元整				合计（¥）	468000
申请单位编号	13125801105970508	报关单编号	124859	填制单位：	收款国库（银行）
合同号	15283	运输工具（号）	458	（盖章）	
缴款期限		提/装货单号	03648506	制单人：	
备注：	一般贸易　照章征税 国际编号			复核人：	

从填发缴款书之日起限 15 日内缴纳,逾期按日征收税款总额万分之五的滞纳金。

附图B-146

海关进口消费税专用缴款书

收入系统：海关系统　　　　发日期 2017年7月12日　　　　号码：945876200548

收款单位	收款机关		中央金库			缴款单位	名　称	河北省保北市巨力汽车制造厂
	科　目	进口消费税	预算级别		中央		账　号	0409200401100704546
	收款国库	工商银行海淀分理处					开户银行	工商银行惠达分理处

税号	货物名称	数量	单位	完税价格（¥）	税率（%）	税款金额（¥）
9113050110597030306Z	3.6L排量商务车	1	辆	400000	25	100000

金额人民币（大写）伍拾万元整			合计（¥）	500000
申请单位编号	13125801105970508	报关单编号	124859	填制单位：（盖章）
合同号	15283	运输工具（号）	458	制单人：
缴款期限		提/装货单号	03648506	复核人：
备注：	一般贸易　照章征税 国际编号			收款国库（银行）

从填发缴款书之日起限 15 日内缴纳，逾期按日征收税款总额万分之五的滞纳金。

附图B-147

车辆购置税缴税凭证

2017年7月12日　　　　　　冀00004568

车　主	河北省保北市巨力汽车制造厂				
车辆车牌型号	3.6L排量别克D152DFE	国产/进口		进口	
车辆计税价格	400000	缴税金额	40000.00	滞纳金	0.00
合计（大写）	肆万元整			¥40000.00	
发给车辆购置税完税证明号码：					

征收单位：保北市车购税办税服务　　　收款人：石英　　　开票人：张娜

业务（3）原始凭证于 2017 年 7 月 18 日取得，共 2 张。

附图B-148

机动车销售统一发票

发票代码125914585
发票号码0001578

开票时间：2017年7月16日

机 打 代 码 机 打 号 码 机 器 编 码	125914585 0001578	税 控 码			
购货单位（人）		身份证号码/组织机构代码			
车 辆 类 型	轿车	厂牌型号	12585	产地	保定
合 格 证 号	AS147584	进口证明书号		商检单号	
发动机号码	DFERG41458855	车辆识别代码/车架号码		BFCV1485	
价 税 合 计	⊗壹拾肆万伍仟元整		小写¥145000.00		
销货单位名称	胜利汽车制造厂			电话	25825222
纳税人识别号	91125478585456789S			账号	
地 址	保北市裕华路125号	开户银行			
增值税税率 或 征 收 率	17%	增值税税额	¥21068.38	主管税务 机关及代码	
不 含 税 价	¥123931.62	吨位	0	限乘人数	7

销货单位盖章　　　　　　　　　开票人　　　　　　　备注：一车一票

附图B-149

车辆购置税缴税凭证

2017年7月18日

冀00006587

车　　　　主	河北省保北市巨力汽车制造厂				
车辆车牌型号	宝马SOW452		国产/进口	国产	
车辆计税价格	1450000	缴税金额	145000.00	滞纳金	0.00
合计（大写）	壹拾肆万伍仟元整		¥145000.00		
发给车辆购置税完税证明号码：					

征收单位：保北市车购税办税服务　　　收款人：石英　　　开票人：张娜

业务（4）原始凭证于 2017 年 7 月 29 日取得,共 2 张。

附图 B-150

机动车销售统一发票

发票代码12592225

发票号码000256

开票时间：2017年7月28日

机 打 代 码	12592225	税 控 码			
机 打 号 码	000256				
机 器 编 码					
购货单位（人）	李强	身份证号码/组织机构代码	130156195605232366		
车 辆 类 型	轿车	厂牌型号	宝马SDW452	产地	德国
合 格 证 号	AS147854	进口证明书号	12585	商检单号	
发 动 机 号 码	DFERG458258855	车辆识别代码/车架号码	BFDR124785		
价 税 合 计	⊗壹佰陆拾伍万元整		小写 ¥165000.00		
销货单位名称	胜利汽车制造厂			电话	5487558
纳税人识别号	91125478585456789S			账号	
地 址	保北轩宇汽车有限公司		开户银行		
增值税税率 或 征 收 率	17%	增值税税额	¥239743.59	主管税务 机关及代码	
不 含 税 价	¥ 1410256.41	吨位	0	限乘人数	7

销货单位盖章　　　　　　　　　　开票人　　　　　　　　备注：一车一票

附图 B-151

车辆购置税缴税凭证

2015年7月29日

冀00004789

车　　　主	河北省保北市巨力汽车制造厂			
车辆车牌型号	宝马SDW452	国产/进口	进口	
车辆计税价格	1410256.41	缴税金额	145000.00	滞纳金	0.00
合计（大写）	壹拾肆万伍仟元整		¥145000.00	
发给车辆购置税完税证明号码：				

征收单位：保北市车购税办税服务　　　收款人：石英　　　　开票人：张娜

项目十任务一原始凭证

业务（1）原始凭证于 2017 年 12 月 1 日取得，共 2 张。

附图B-152

房屋租赁协议

出租方：王桐画（以下简称甲方）

承租方：河北保定绿叶股份有限公司（以下简称乙方）

甲乙双方经好友协商，一致达成以下协议：

一、甲方将其所在位于保定市和平路 75 号 105 室的房屋出租给乙方使用。

二、租赁期限：自 2017 年 12 月 10 日起至 2019 年 12 月 10 日止。

三、租金及付款方式：

1. 租金优惠至每月贰仟元整（大写），乙方在起租日前十天支付给甲方。

2. 租金先付后用，一月一付。

3. 甲方在收到乙方租金（包括押金）后，应开具收据给乙方。

四、甲方提供设备如下：

全装修房一套，含：海尔冰箱一台、奥克斯空调一台、家具一套、淋浴器一只等。

五、乙方履约事项：

1. 乙方及时清付所使用的水、电等费用。

2. 乙方保证不转租房屋，并遵守国家法律、法规和物业的管理制度，如乙方造成甲方房屋和邻居利益受损，甲方可以提前解约，除不返还预付的房租和押金外，还可进一步向乙方索赔和采取其他法律措施。

六、甲乙双方任何一方在租赁期内解约，必须提前一个月通知对方，否则违约方应支付对方违约金贰仟元

七、租赁期满，甲方对协议书第四条和第五条进行验收，如无损坏，乙方也无其他违约行为，甲方应退还押金，否则甲方有权酌情扣除押金，并保留采取法律措施的权利。

八、本协议一式二份，经双方签字即生效。

甲方（签章）：王桐画

2017 年 12 月 01 日

签订地点：河北保定市假日酒店

乙方（签章）：

2017 年 12 月 01 日

签订地点：河北保定市假日酒店

附图B-153

收 据

今收到河北保定绿叶股份有限公司交来的房屋租金贰仟元整。

王桐画

2017 年 12 月 01 日

业务（2）原始凭证于 2017 年 12 月 5 日取得，共 3 张。

附图B-154

申　请

公司领导：

因公司最近业务拓展到其他领域,会计人员对所发生的业务如何做账把握不准确,为此,特申请聘请行业专家对全体会计人员开展业务培训。

妥否,请批示。

财务科长：张玉兰

2017 年 12 月 01 日

同意

柳环保

2017 年 12 月 02 日

附图B-155

培训费项目表

项　目	计费单位	单价/元	时　间	金额/元
新会计准则培训	天	4000.00	5	20000.00
合　计				20000.00

负责人：沈晓旭　　　　　　　　　　制表人：沈鹭

附图B-156

收　据

今收到河北保定绿叶股份有限公司支付的培训费贰万元整。

余强

2017 年 12 月 05 日

业务(3)原始凭证于 2017 年 12 月 5 日取得,共 2 张。

附图B-157

无形资产转让协议书

　　兹有转让方欧阳雪根据与受让方河北保定绿叶股份有限公司签订的转让合同（合同号21008120501）规定，欧阳雪将其新发明的一项专利转让给绿叶公司，绿叶公司向其支付价款100 000元。

　　转让方　签章　欧阳雪

2017 年 12 月 05 日

此协议一式两份，由转让各方留存。

受让方绿叶股份有限公司签章

2017 年 12 月 05 日

附图B-158

中国工商银行 电汇凭证（回单）

委托日期　2017年12月5日

汇款方式		√普通 □加急													
汇款人	全　称	河北保定绿叶股份有限公司	收款人	全　称	欧阳雪										
	账　号	70882000330555998877		账　号	45675648										
	汇出地点	河北 省 保定 市/县		汇入地点	上海 市/县										
汇出行名称		工行解放路分理处	汇入行名称		工行百花路分理处										
金额	人民币（大写）	拾万元整			亿	千	百	十	万	千	百	十	元	角	分
							¥	1	0	0	0	0	0	0	0

汇款用途：支付专利款

　　上列款项已根据委托办理，如需查询，请持此回单来行面洽。

汇出行盖章

中国工商银行保定分行
解放路分理处
2017.12.5
转讫

单位主管

会计　　　　　复核　　　　　记账

此联是汇出行给汇出人的回单

业务（4）原始凭证于 2017 年 12 月 8 日取得,共 1 张。

附图B-159

工资条

元

姓名	应付工资	养老保险8%	失业保险1%	医疗保险2%	公积金8%	代扣个人所得税	实发工资
刘澜	3000.00	240.00	30.00	60.00	240.00	21.5	2408.50
程芳	3000.00	240.00	30.00	60.00	240.00	21.5	2408.50
沈鹭	3200.00	256.00	32.00	64.00	256.00	34.2	2557.80
沈晓旭	3300.00	264.00	33.00	66.00	264.00	42.3	2630.70
王鹏	3500.00	280.00	35.00	70.00	280.00	58.5	2776.50
张玉兰	3500.00	280.00	35.00	70.00	280.00	58.5	2776.50
程岳	2800.00	224.00	28.00	56.00	224.00	13.4	2254.60
秦晖	2800.00	224.00	28.00	56.00	224.00	13.4	2254.60
田语	2600.00	208.00	26.00	52.00	208.00	5.3	2100.70
袁媛	2600.00	208.00	26.00	52.00	208.00	5.3	2100.70
徐浩哲	2600.00	208.00	26.00	52.00	208.00	5.3	2100.70
张苹	3200.00	256.00	32.00	64.00	256.00	34.2	2557.80
合计	36100.00	2888.00	361.00	722.00	2888.00	313.4	28927.60

业务（5）原始凭证于 2017 年 12 月 20 日取得,共 2 张。

附图B-160

房屋转让合同

本协议双方当事人:

转让方(以下简称甲方):童大文　　　　工作单位:河北省保定市先进机械厂

住址:河北省保定市思雨街爱民小区 8 号楼 3 单元 502 号　身份证号:130684196811154961

受让方(以下简称乙方):柳环保　　　　工作单位:河北保定绿叶股份有限公司

住址:河北省保定市解放路 666 号　　　身份证号:131124197609203233

经自愿协商达成一致,甲方将自己合法拥有的一套房屋转让给乙方,双方就房屋转让相关事宜达成以下合同条款,以资共同遵守:

第一条　转让房屋的基本情况

转让房屋(以下简称该房屋)位于保定市弘扬区红领巾路 68 号 5 单元 3 层 302 室,房屋结构为砖混,建筑面积 150 平方米(包括卧室、客厅、卫生间、厨房、阳台及其附属设施),实际使用面积 135 平方米。

第二条　转让价格

双方商定该房屋转让价格为(人民币)50 万元整,大写(人民币)伍拾万元整。

第三条　付款方式

(一)无须银行贷款

1.乙方应在签订《保定市房屋买卖合同》时,支付相当于总房款的 10% 的定金。

2.乙方应在办理立契过户手续前 3 个工作日内,支付剩余 90% 的房款。

以下条款略。

甲方: 童大文

2017 年 12 月 08 日

乙方: 环保

2017 年 12 月 08 日

附图B-161

中国工商银行
转账支票存根
0055786

附加信息 _____

_____

出票日期 *2017年 12月 20日*

收款人：	*董大文*
金　额：	*¥500000.00*
用　途：	*购房款*
备　用：	

单位主管 *张玉兰*　　会计 *程岳*

业务（6）原始凭证于 2017 年 12 月 20 日取得，共 3 张。

附图B-162

申　请

公司领导：

临近元旦，为回馈新老顾客，同时提升销售业绩，我部门决定开展有奖销售活动，方案如下所示：

设特等奖一名，奖品为价值 20000 元的音响和价值 5000 元的彩电；设一等奖两名，奖品为价值 10000 元的空调；设二等奖两名，奖品为价值 5000 元的数码相机；设三等奖三名，奖品为价值 2000 元的自动洗衣机。

妥否，请批示。

销售科长：*王鹏*
2017 年 12 月 5 日

附图B-163

出库单

单位：销售科　　　　　　　　　　2017年12月20日　　　　　　　　　　　　　　　元

品　名	单　位	单　价	数　量	金　额	备　注
音响	套	20000.00	1	20000.00	
彩电	台	5000.00	1	5000.00	
空调	台	10000.00	2	20000.00	
数码相机	个	5000.00	2	10000.00	
自动洗衣机	台	2000.00	3	6000.00	
合计				61000.00	

负责人：　　　　　　　　　　　　　　　　　　经手人：袁媛

附图B-164

获奖人员情况

姓　名	身份证照类型	身份证照号码	单　位	职　业	奖　项
程昱	身份证	130524197505112344	保定市阳光公司	业务员	特等奖
张承财	身份证	130684198112154961	保定新东方学校	教师	一等奖
李来乐	身份证	131124195909203233	邯郸来一口饭店	厨师	一等奖
王富强	身份证	130521197708090262	保定富强公司	工程师	二等奖
成昆	身份证	131124196809203233	唐县正阳律师事务所	律师	二等奖
张岳珊	身份证	130425200209104248	保定希望小学	学生	三等奖
贾鹏	身份证	130725197510011623	石家庄爱心医院	医生	三等奖
张盈盈	身份证	130123198905161585	石家庄高新技术认证处	公务员	三等奖